Dieter Buck

Wasserziele im Ländle

Dieter Buck

Wasserziele im Ländle

- Wandern
- Rad fahren
- Entdecken

Silberburg-Verlag

Umschlagfoto: Gütersteiner Wasserfälle

Dieter Buck

1953 geboren, beschreibt der Stuttgarter seit vielen Jahren Wanderungen, Radtouren und Reiseberichte für verschiedene Zeitungen und Magazine im In- und Ausland. Außerdem veröffentlichte er zahlreiche Bücher: Wander-, Radwander- und Reiseführer. Er ist Herausgeber des »Schwabenkalenders« und Redaktionsleiter von »Schwaben alpin«. Dieter Bucks Themengebiete sind Süddeutschland, insbesondere Baden-Württemberg und das Allgäu, sowie der deutsche und österreichische Alpenraum.

1 2 3 4 5 08 07 06 05 04

Umschlaggestaltung: Frank Butzer unter Verwendung eines Fotos von Dieter Buck.
Bilder im Innenteil: Dieter Buck
Kartengrundlage:
Rasterdaten der Topographischen Karte 1:50 000 und 1:100 000,
© Landesvermessungsamt Baden-Württemberg (http://www.lv-bw.de),
vom 22.01.2004, Az.: 2851.2-D/2982, bearbeitet durch den Verlag.
Layout und Satz: Martin Fischer, Tübingen.
Druck: Gulde-Druck GmbH, Tübingen.
Printed in Germany.

ISBN 3-87407-579-6

Inhalt

Wasserziele im Ländle
23 Wanderungen
7 Radtouren
Mannheim
Ludwigs-hafen
Heidelberg
Widdern
Langenburg
Neckar
Jagst
Rhein
Bruchsal
Heilbronn
Löwenstein
Schwäbisch Hall
Karlsruhe
Zaberfeld
Bietigheim-Bissingen
Murrhardt
Kocher
Marbach
Pforzheim
Enz
Backnang
Welzheim
Ludwigsburg
Breitenfürst
STUTTGART
Stetten-Beinstein
Rems
Bad Liebenzell
Plüderhausen
Hirsau
Esslingen
Göppingen
Fils
Böblingen
Nagold
Neidlingen
Wiesensteig
Donnstetten
Erzgrube
Unterjesingen
Tübingen
Kniebis
Bad Urach
Freudenstadt
Gönningen
Ulm
Blaubeuren
ltenbronn
Reinerzau
Wimsener Höhle
Anhausen
Balingen
Iller
Rottweil
Donau
Villingen-Schwenningen
SCHWARZWALD
SCHWÄBISCHE ALB
1 2 3 4 5 6 7 8 9 10 11 12 13 14 15 16 17 18 19 20 21 22 23 24 25 26 27 28 29 30

Am Wasser

Nichts ist schöner als ein Spaziergang oder eine Wanderung entlang eines munter plätschernden Bächleins oder zu einem See. Hauptsache Wasser. Das zieht viele Menschen fast magisch an. Zu merken ist dies auch, wenn man Kindern, die meist im Grunde wanderunwillig sind, ein »Wasserziel« in Aussicht stellt: Die Lust auf den Ausflug nimmt sogleich zu. Deshalb wurde bei vielen Vorschlägen dieses Buches auf kindgerechte Weglängen und die Vorlieben von Kindern geachtet. Schön ist es oft aber auch, mit Kindern einen Tag »nur« an einem Badesee zu verbringen. Rund 306 Badeseen gibt es im Land, deren Wasserqualität vom Umweltministerium regelmäßig getestet wird.

Reizvoll sind natürlich auch Wasserfälle und Klammen. Wo bekommt man die Kraft des Wasser sonst noch so eindringlich und hautnah mit als im Toben und Brausen, Gischen, Zischen, Gurgeln und Poltern einer Klamm oder eines mächtigen Wasserfalls? Tatsächlich gibt es wohl kaum eine Naturerscheinung, die derart vielfältig sein kann. So weist jeder Fall ein ganz eigenes Bild und einen eigenen Charakter auf, was Gesteine und Landschaftsbildung angeht. Oft sind auch eng beieinander liegende Wasserfälle vollkommen unterschiedlich – und ein einzelner Fall selbst kann in sich verschiedene Elemente und Stufen aufweisen. Teilweise stürzt das Wasser in einem einzigen, hohen Schwall herab, dann wieder rieselt es am Fels entlang, bildet mehrere Katarakte, fällt unten in einen Tumpf oder geht in einen Bach über. Manchmal wird das Wasser auch aus einer schmalen Lücke im Fels weit in die Luft geschleudert. Manche Fälle sind schmal, manche breit und ausladend.

Bach im Schwarzwald

Zum Gebrauch dieses Buches

Meist handelt es sich bei den vorgeschlagenen Touren um leichte Spaziergänge oder Wanderungen. Trotzdem sollte man ein besonderes Augenmerk auf den Weg richten: Naturgemäß können die Weganlagen in Schluchten oder rund um Wasserfälle feucht und schmierig sowie die Steine rutschig sein. Gefährlich glatt kann es auch auf hölzernen Brücken und Wurzeln werden. Droht ein Gewitter, sind die üblichen Vorsichtsmaßnahmen zu beachten. Das heißt dann auch: Weg von Eisengeländern!

Bei der Auswahl der Touren und ihrer Beschreibung wurde Wert darauf gelegt, dass sie entweder für Kinder geeignet sind oder dass man bei dem beschriebenen Ziel mit Kindern etwas Besonderes unternehmen kann, ohne dass zuvor gleich die ganze Tour abgewandert oder -geradelt werden muss. Bei den meisten Wanderungen werden auch kürzere Varianten beschrieben.

Badeseen besucht man natürlich am besten im Sommer. Ansonsten sind Ziele am und mit Wasser das ganze Jahr über reizvoll, jede Jahreszeit hat dabei ihre eigenen Reize: Im Frühjahr bezaubert die erwachende Natur, im Frühsommer erfreuen die Blütenpflanzen, in der glühenden Sommerhitze wirkt schon das Plätschern eines Bächleins fast abkühlend, und im Herbst sind die Bäume der Umgebung in ein leuchtendes Farbenkleid getaucht. Selbst der Winter lockt ans Wasser, insbesondere, wenn das Wasser vereist ist und sich vielleicht an den Wasserfällen eigenwillig geformte Eiszapfen bilden. Die beste Zeit für den Besuch von Wasserfällen ist im Frühjahr nach der Schneeschmelze oder nach Regenperioden, dann führen sie am meisten Wasser. Allerdings sollte man während der kalten Jahreszeit ganz besonders vorsichtig sein, denn es können nicht nur die Fälle selbst, sondern auch die Wege und Stege um sie herum gefährlich vereist sein. Trotzdem ist ein gefrorener Wasserfall herrlich, manchmal scheint man geradezu ein Märchenschloss vor sich zu haben.

Auch bei trübem Wetter lohnt ein Ausflug zu einem Wasserfall oder in eine Schlucht. In den oft engen Tälern und im Wald scheint die Sonne ohnehin selten.

Mit Kindern unterwegs

Bei Kindern sind Wanderungen und Ausflüge zum Wasser beliebt. Trotzdem wird es unterwegs ab und zu nötig sein, ihnen etwas Abwechslung zu bieten. Deshalb nachfolgend einige Hinweise für Eltern und ein paar Tipps für Kinder.

- Der Weg selbst kann schon zum Spielplatz werden! Gerade deshalb sollte man an besonders gefährlichen Stellen, zum Beispiel am Ufer von Seen oder bei steilen Abstürzen von Wasserfällen, stärker auf die Kinder aufpassen.
- Sonnenschutz und Kopfbedeckung sind bei Kindern noch wichtiger als bei Erwachsenen.
- Wichtig ist, dass die Länge des Weges auf die Ausdauer der Kinder abgestimmt ist. Mit langen

Pausen, bei denen es viel Zeit zum Spielen geben sollte, wird so auch aus kürzeren Touren ein Tagesausflug. Gerade an Bächen, Tümpeln und Seen gibt's viel zu sehen. Essen und Trinken dürfen dabei natürlich auch nicht zu kurz kommen. Warum nicht einfach etwas besonders Leckeres als Belohnung mitnehmen?
- Es gibt unterwegs viel zu entdecken, sodass es kaum langweilig werden dürfte. Alle Sinne werden in der Natur angesprochen.
- Was sieht man alles an kleinen Dingen: Blätter, Beeren, Tiere (Käfer, Ameisen, Schnecken). Es macht Spaß, die Tiere zu beobachten, ihren Weg zu verfolgen (aber natürlich dabei nicht quälen). Wer entdeckt am meisten? Wer eine Lupe dabei hat, sieht noch mehr.
- Was riecht man alles? Wie riecht es? Feuchte Erde, Laub nach Regen. Blumen, Nadelbäume, Harz, Gras ... An was erinnert der Duft?
- Was kann man hören, wenn man ganz ruhig ist? Vogelstimmen, Blätterrauschen, quakende

Frösche, Grillengezirpe, Gespräche, Glockenläuten oder Verkehrslärm, Rascheln von Mäusen, Käfern oder anderen kleinen Tieren in Wald und Feld.

- Wie fühlen sich die Stämme verschiedener Bäume an? Man kann mit geschlossenen Augen Steine, Blätter, Erde abtasten oder im Wald mal barfuß gehen. Wie fühlen sich Sand, Moos oder Erde unter den Füßen an? Spannend ist es auch, mit geschlossenen Augen einen Gegenstand zu erraten. Leichter ist es, wenn man ihn abtasten darf, schwer, wenn man ihn nur mit Hilfe von Fragen erraten darf. Man kann auch verschiedene Gegenstände in einen Rucksack stecken und dort jemand anderen durch Tasten raten lassen.
- Wie schmeckt das Brot, die Wurst, der Apfel? Vielleicht sind auch Beeren, Bucheckern, Waldkräuter o. Ä. zu finden. Was ist sauer, süß, fruchtig, nussig, trocken, feucht ...?
- Unterwegs sind viele Dinge zu finden, die man mit nach Hause nehmen kann, um daraus ein Bild oder gar eine Art Tagebuch zu gestalten. Blätter, Ästchen, Steinchen, verschiedene Gräser, verschiedenfarbige Erde ...
- Mit ein paar Gegenständen, die man von zu Hause mitnimmt, lässt es sich auch unterwegs leicht basteln. Ein Taschenmesser hat man vermutlich sowieso im Rucksack. Aber auch Schnur, Draht, einen kleinen Block und Stifte kann man immer gebrauchen. Außerdem lohnt es sich, für die Dinge, die man sammeln möchte, Plastiktüten oder kleine Schachteln einzustecken.
- Man kann auch Spielzeug auf eine Wanderung oder eine Radtour mitnehmen: Der Lieblingsteddy ist vielleicht ohnehin dabei, gut spielen lässt es sich unterwegs auch mit kleinen Plastik-Spielfiguren. Es gibt überall Gelegenheit, mit ihnen Abenteuer zu erleben. Man kann für sie Häuschen bauen, sie im Bach schwimmen lassen, ihnen Rindenboote bauen oder ganze Geschichten mit ihnen ausdenken.
- Beim Spazierengehen kann man sich gut Geschichten erzählen lassen. Mal die Eltern, mal die Kinder? Alle, die mitwandern, dürfen einen Beitrag dazu leisten. Vielleicht leben in dem Tal, durch das man gerade wandert, ja Zwerge oder sogar Ungeheuer? Zum Beispiel hinter dem nächsten großen Felsen ...
- Spaß macht es auch zu balancieren: auf großen Ästen oder einem einzelnen Baumstamm (nicht einem Stoß von Baumstämmen!), auf größeren Steinen, die am Weg liegen. Wer kann am längsten auf einem Bein hüpfen?
- Richtig spannend wird es beim Kartenlesen: Vielleicht wollen mal die Kinder eine Zeit lang die Führung übernehmen. Wer findet den richtigen Weg? Was sieht man alles in der Karte? Sieht man auf der Karte die nächste Kurve, die nächste Wegkreuzung, den nächsten Fels, die Hütten und Häuser unterwegs?

Vorbei am Kloster Schöntal

Vom Jagsttal ins Kessachtal

Widdern – Jagsthausen – Schöntal – Bieringen – Oberkessach – Widdern

Bei dieser Radtour durchfahren wir ein schönes Stück des idyllischen Jagsttales. Unterwegs erwarten uns zwei kulturgeschichtliche Höhepunkte, die Götzenburg des Ritters Götz von Berlichingen in Jagsthausen und das Kloster Schöntal. Danach kommt ein steiler Anstieg, dem eine rasante Abfahrt folgt. Auf dem Rückweg fahren wir durch das nicht minder idyllische Kessachtal.

- **Ausgangspunkt:**
  Widdern.

- **Wegverlauf:**
  In *Widdern* überquert man die Jagst, beispielsweise auf der Straßenbrücke in Richtung »Heilbronn«, und beginnt die Tour auf der Südseite des Flusses. Nach der Brücke hält man sich links. Man kann auch den Fluss zwischen Volksbank und Kirche in Richtung »Wilhelm-Frey-Halle, Festplatz, Sportplätze« auf einem Fußgängersteg überqueren und dann nach links fahren. Nun geht es auf dem Radweg teilweise direkt neben der Jagst nach *Olnhausen.*

»Wahrhaftig, es gibt im Unterland keinen schöneren Fluss als die Jagst. So unberührt, so fern allem Getriebe der Großstadt, recht, um sich auszuruhen und mit der schönen Natur zu verwachsen.«

Richard Heckel, 1949

Die **Jagst,** rechter Nebenfluss des Neckars und viertgrößter Fluss Baden-Württembergs, fällt bei ihrem rund 200 Kilometer langen Lauf von 519 Meter auf 144 Meter über Normalnull, was einem Gefälle von fast zwei Metern auf tausend Meter Strecke entspricht.

Der Fluss, der so schöne Landschaftsbilder bietet, entspringt in

den Ellwanger Bergen im Ostalbkreis rund 500 Meter westlich von Walxheim; die Quelle wurde vom Albverein in Stein gefasst. Später durchfließt die Jagst den Schwäbisch-Fränkischen Wald und die Hohenloher Ebene – rund 170 Kilometer verbringt sie im Hohenlohischen – und mündet, umgeben von Weinbergen, bei Bad Friedrichshall in den Neckar. Die Beschreibung des Oberamts Gerabronn von 1847 spricht davon, dass die Jagst übermütige »Spiralen und Kehren« macht; »an vielen, teilweise recht dunklen Talabschnitten sind sich die Berghänge zu beiden Seiten bis auf Steinwurfnähe entgegengerückt«. Ihr Name kommt wohl nicht, wie man vermuten könnte, von der Jagd, sondern von dem keltischen »Jagese« und bedeutet »Eis«.

Die Jagst ist einer der letzten ökologisch weitgehend intakten Naturräume im Land. Da sie vornehmlich durch industrie- und siedlungsarme Gegenden fließt, ist sie wenig verschmutzt und verfügt über eine

Fachwerkhaus in Unterkessach

sehr gute Wasserqualität. In dem Fluss leben viele seltene Tiere und Pflanzen, die von hier aus sogar andere Flüsse wie Kocher oder Neckar wieder besiedeln.

Der Fluss ist ein Rückzugsgebiet für rund 200 Arten von Kleintieren. Außerdem brütet an steilen Uferabbrüchen der Eisvogel. Auch andere Vögel kann man hier sehen, beispielsweise den Teichrohrsänger, die Rohrammer, die Wasserralle oder die Wasseramsel; in der Nähe von Kiesbänken und in Flachwasserzonen lebt der Flussuferläufer, ein äußerst bedrohter Vogel. In solchen Bereichen befinden sich auch die Laichplätze und die Kinderstuben vieler Flussfische, beispielsweise gibt es Barben und Groppen. Libellen fühlen sich ebenso an der Jagst zu Hause; genannt seien die Gebänderten Prachtlibellen, die Glänzenden Smaragdlibellen und die seltenen Zangenlibellen. Außerdem gibt es Eintagsfliegenlarven, Muscheln und Schnecken. Um nicht von der Strömung abgetrieben zu werden, graben diese sich ein oder haben sich durch eine flache Körperform dem Leben im fließenden Wasser angepasst.

In sonnigen und langsam fließenden Gewässerabschnitten wachsen große Bestände der Gelben Teichrose, außerdem sieht man den Flutenden Wasserhahnenfuß, das Gewöhnliche Pfeilkraut und den Großen Wasserfenchel.

In Olnhausen müssen wir das Flüsschen überqueren. Im Ort biegen wir nach rechts ab. Es geht neben der Straße nach *Jagsthausen*. Nun radeln wir auf der Landstraße über Berlichingen zum *Kloster Schöntal,* einer ehemaligen Zisterzienserabtei. Eine Besichtigung der barocken Klosteranlage lohnt sich. Nach der Rechtskurve zweigt nach links wieder ein Radweg ab, der uns nach *Bieringen* bringt. Hier fahren wir in Richtung »Oberkessach« aus dem Ort hinaus. Jetzt folgt der einzige längere Anstieg dieser Tour.

Wir kommen auf die Hochfläche, danach rollen wir hinab nach *Oberkessach*. Weiter geht es durch das *Kessachtal* nach links zurück nach *Widdern*. Wer möchte, fährt auf der Landstraße, die nicht allzu befahren ist. Man kann auch den Kessachtalradweg nehmen,

In Unterkessach verleiten Flussidylle und Spielplatz zur Rast.

der bis Unterkessach links des Baches verläuft. In Unterkessach fährt man auf der Durchgangsstraße kurz nach rechts, dann biegt man nach links ab. Nun rechts der Kessach fahrend kommen wir zurück nach Widdern.

- **Länge:**
  Etwa 27 Kilometer.

- **Zeit:**
  Etwa 3 Stunden.

- **Höhenunterschied:**
  Etwa 270 Meter.

- **Empfohlene Karte:**
  Blatt 31, Odenwald Südost, Landesvermessungsamt Baden-Württemberg.

- **Einkehrmöglichkeit:**
  Widdern, Jagsthausen, Schöntal.

- **Sonstiges:**
  Die Radtour verläuft auf Radwegen, teilweise auch auf ruhigen Landsträßchen.

- **Für Kinder:**
  Die gesamte Tour ist für kleinere Kinder vermutlich zu anstrengend, mit ihnen kann man ab Widdern die Jagst entlangfahren, solange sie können, und dann auf demselben Weg zurückkehren. Dabei sollte man allerdings auf dem Hinweg immer berücksichtigen, dass man auch wieder zurückradeln muss. Größeren Kindern wird die gesamte Radtour sicherlich Spaß machen.

Vom Schloss zum Fluss

Von Langenburg durchs Jagsttal

Langenburg – Bächlingen – Großforst – Binselberg – Langenburg

Einer der schönsten Abschnitte der Jagst liegt unterhalb des Städtchens Langenburg, das von einem Schloss bekrönt wird. Hier wandern wir ab Bächlingen – wo der Vater des Grünen-Politikers Rezzo Schlauch Pfarrer war – am Fluss entlang. Außer der Jagst und dem Badeplatz bei Bächlingen lockt bei dieser Tour das hohenlohische Residenzstädtchen mit seinem Automuseum.

Gedeckte Holzbrücke bei Bächlingen

Ausgangspunkt: Langenburg.

Wegverlauf:
Wir gehen ein Stück auf der Straße in Richtung »Bächlingen«, bis wir bei den letzten Häusern nach rechts in den Agnes-Günther-Weg abzweigen. Er bringt uns mit herrlichem Rückblick auf die prächtige Stadtsilhouette von Langenburg hinab nach *Bächlingen*. Vor der Jagstbrücke halten wir uns rechts, gleich danach überqueren wir auf der gedeckten Holzbrücke den Fluss. Dahinter spazieren wir vorbei am Badeplatz am Fluss entlang nach Hürden. Die *Jagst* darf sich

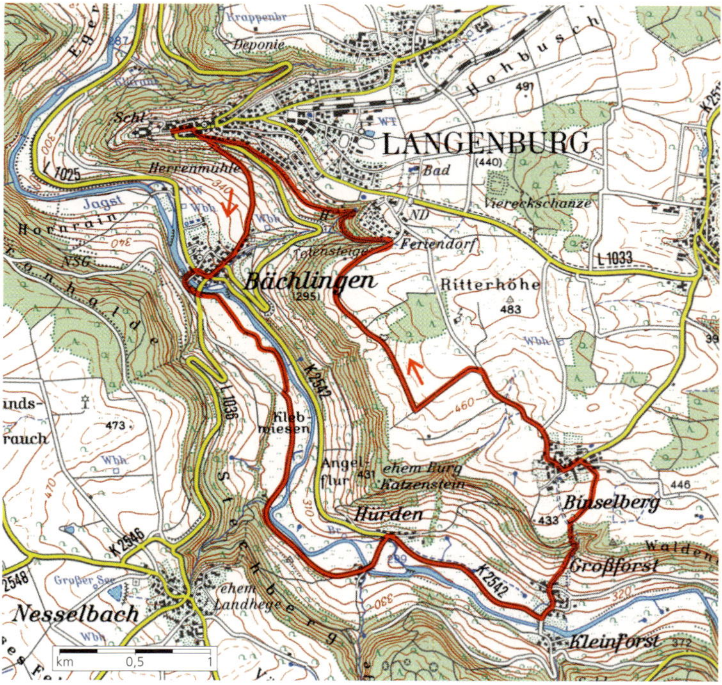

hier noch natürlich entfalten und mäandert lustig durch die Wiesen. Ab *Hürden* geht es ein Stück auf der Straße weiter bis zu einer querenden Straße.

Wir gehen nach links hinauf nach *Großforst* und zweigen hier nach links von der Straße ab. Nun steigt der Weg steil an, das Wanderzeichen ist jetzt das rote Kreuz. Oben verlassen wir den Wald und spazieren nach *Binselberg*. Im Ort orientieren wir uns erst links, dann rechts in Richtung »Langenburg«. Nach Binselberg kommt eine Verzweigung, wir biegen nach links ab und marschieren links an der Windkraftanlage vorbei. Nach etwa 500 Metern werden wir nach links verwiesen, nach weiteren 500 Metern nach rechts. Wir wandern nun rechts des Steilabfalls und bald mit prächtigem Blick auf Langenburg.

Vor dem *Feriendorf* gehen wir nach links in den Wald, dann gleich nach rechts, uns immer am roten Kreuz orientierend. Kurz danach geht es steil hinab zu einem recht wilden Bacheinschnitt, danach etwas nach links versetzt weiter. Nach einiger Zeit führt der nun breiter gewordene Weg zwischen eingezäun-

Gemächlich fließt die Jagst nach Bächlingen durchs Tal.

ten Gärten und Wiesen bald mit schönem Blick ins Jagsttal und nach Bächlingen. Schließlich treffen wir auf die Straße, die uns nach rechts zurück nach Langenburg bringt. Hier locken das Schloss mit seinem Renaissance-Innenhof und das Schlossmuseum zu einem Besuch.

- **Länge:**
  Etwa 11 ½ Kilometer.

- **Zeit:**
  Etwa 3 bis 4 Stunden.

- **Höhenunterschied:**
  Etwa 200 Meter.

- **Empfohlene Karte:**
  Blatt 12, Schwäbisch Hall – Crailsheim, Landesvermessungsamt Baden-Württemberg.

- **Einkehrmöglichkeit:**
  Langenburg.

- **Grillmöglichkeit:**
  Vor Großforst.

- **Sonstiges:**
  Die Wanderung verläuft auf Naturpfaden und festen Wegen. Badeplatz bei Bächlingen.

- **Für Kinder:**
  Schön ist die kurze Strecke entlang der Jagst zwischen Bächlingen und Hürden, auf der Kinder auch Rad fahren können. Auch ein Besuch des Deutschen Automuseums oder des Natur- und Heimat-Museums mit seinen zahlreichen Tierpräparaten in Langenburg wird ihnen gefallen. Das Museum hat im Sommer von 14 bis 17 Uhr geöffnet.

Ein Badesee und eine alte Stadt

Vom Breitenauer See nach Löwenstein

Breitenauer See – Löwenstein – Reisach – Weiler – Breitenauer See

Diese recht kurze Radtour verläuft am Nordrand des Naturparks Schwäbisch-Fränkischer Wald sowie in und vor den Löwensteiner Bergen. Wir kommen zwar auch in den Wald, am beeindruckendsten und schönsten sind bei dieser Tour aber wohl der Breitenauer See, ein richtiges Freizeit-Eldorado, und das alte Städtchen Löwenstein. Der Ausflug selbst ist relativ kurz, sodass noch ausgiebig Zeit bleibt für einen Bummel durch Löwenstein oder ein paar gemütliche Stunden am See.

Ausgangspunkt:

Parkplätze am Nordende des Breitenauer Sees.

Wegverlauf:

Wir radeln erst zur *B 39* und dann neben ihr nach links in Richtung Löwenstein. Das nach Reisach führende Sträßchen wird überquert, dann fahren wir weiter bis zu den ersten Häusern von *Löwenstein,* wo wir dem Radwegschild nach links folgen. Erst durch ein Wohngebiet, dann durch Weinberge kommen wir hinab zur Landstraße, in die wir nach rechts einbiegen.

Wir durchfahren das *Wohngebiet Frankenhof,* danach geht es erst hinab und dann wieder hinauf nach Reisach. Nun halten wir

Blick über den Breitenauer See zu den Weinbergen

uns links und radeln abwärts nach *Weiler*. Im Ort gibt es – außer dem nicht zu besichtigenden Schloss und einigen romantischen Ecken – ein Schulmuseum.

In der Ortsmitte orientieren wir uns an der querenden Durchgangsstraße nach links, fahren am Schloss vorbei und biegen am Ortsende nach links in die »Seestraße« ein. Sie bringt uns zum *Breitenauer See*.

Der 16 Meter tiefe **Breitenauer See** ist ein Stausee und liegt recht reizvoll in den Randhöhen der Löwensteiner Berge und des vorderen Mainhardter Waldes. Er wurde in den 1970er-Jahren als Hochwasserrückhaltebecken geplant, seine Wasserfläche beträgt 38 Hektar.

Das Strandbad kostet Eintritt, dafür gibt es einen herrlichen Spielplatz und Spielgeräte für Kinder. Der Strand fällt flach ab, der See eignet sich also auch gut zum Plantschen. Außerdem kann man Tret- und Ruderboote ausleihen, segeln, surfen, angeln und tauchen. Auch für Rollstuhlfahrer gibt es einen Zugang zum See. Einzelne Bereiche um den See sind aus Naturschutzgründen gesperrt. Wer einkehren will, für den gibt es einen Kiosk und Imbissstand, auch sanitäre Einrichtungen sind vorhanden (behindertengerecht). Und wem es so gut gefällt, dass er gar nicht mehr von hier weg möchte, der kann auf dem Campingplatz sein Zelt aufstellen.

Dort, wo wir auf den Breitenauer See stoßen, finden wir eine Orientierungs- und eine Erklärungstafel. Man kann nun ein Stück nach links am See entlangradeln, ansonsten aber geht es nach rechts weiter.

An der Nordostecke halten wir uns links und fahren zur Badebucht mit den ausgedehnten Liegewiesen. Unser Parkplatz liegt rechts davon.

Länge:
Etwa 13 Kilometer.

Zeit:
Etwa 1 ½ bis 2 Stunden.

Höhenunterschied:
Etwa 100 Meter.

Empfohlene Karte:
Freizeitkarte 518, Schwäbisch Hall, Landesvermessungsamt Baden-Württemberg.

Einkehrmöglichkeit:
Löwenstein.

Sonstiges:
Kurze Tour, die einen ausgiebigen Badeaufenthalt ermöglicht. Die Badebucht befindet sich beim Parkplatz.

Für Kinder:
Am besten verbringt man mit Kindern einen Badetag an dem herrlichen See, vielleicht kann man noch einen Besuch des Schulmuseums einplanen.

Am Breitenauer See sind viele Arten von Wassersport möglich.

Badestrand zwischen Wald und Reben

Der Stausee Ehmetsklinge

Zaberfeld – Stausee – Richtung Leonbronn – Zaberfeld

Am Nordrand des Naturparks Stromberg-Heuchelberg liegt der Stausee Ehmetsklinge, der nicht nur dem Hochwasserschutz dient, sondern auch als Badesee in der ganzen Region sehr beliebt ist. Er bietet sich ideal für einen erholsamen Badetag an, man kann in seiner Umgebung aber auch schöne Wanderungen durch »Wald und Reben« unternehmen. Am See gibt es eine ausgedehnte Liegewiese mit flachem Strand, außerdem Toiletten sowie einen Kiosk, an dem man sich Erfrischungen kaufen kann.

- **Ausgangspunkt:**
  Zaberfeld, Parkplatz 1.

- **Wegverlauf:**
  Wir gehen vom Parkplatz hinab zum Stausee und überqueren den Damm. Dahinter halten wir uns am Kiosk links und spazieren immer am Ufer entlang. Neben dem Weg sehen wir interessante Schilder des Weinlehrpfades, später Tafeln, auf denen wir Erklärungen zu den verschiedenen Bäumen finden.

Der **Stausee Ehmetsklinge** wurde in den Jahren 1967 bis 1969 als Rückhaltebecken zur Regulierung des Wasserstands der Zaber erbaut, um die früher große Schäden anrichtenden Hochwasser zu verhindern. In den Jahren 2000/01 wurde er vergrößert: Die Wasserfläche verdoppelte sich fast von 7,3 auf 13,8 Hektar, die Wassermenge stieg von 190 000 auf 590 000 Kubikmeter, die Wassertiefe steigerte sich von 4,8 auf maximal 8 Meter, der Damm wurde an seiner Luftseite um drei Meter erhöht, ist jetzt also 15,05 Meter hoch, und die Kronenlänge beträgt 335,50 Meter. Jährlich können von August bis

Dezember als Verdunstungswasserausgleich für die Wasserbetriebe der Wärmekraftwerke am Neckar bis zu 400 000 Kubikmeter über die Zaber in den Neckar geleitet werden.

Bei den Erweiterungsmaßnahmen wurden rund zehn Hektar Ackerland in Wiesen umgewandelt, gleichzeitig Hunderte von Bäumen und Sträuchern angepflanzt und ein Vorstaubecken als Biotop angelegt. Mitten im See liegt zudem eine kleine Vogelschutzinsel.

Zum See gibt es einen Zugang für Rollstuhlfahrer, und eine behindertengerechte Toilette wurde eingerichtet. Kinder (und Eltern) werden sich über den flachen Strandbereich freuen. Außerdem gibt es hier Spiel- und Liegewiesen; Baden und Surfen ist erlaubt.

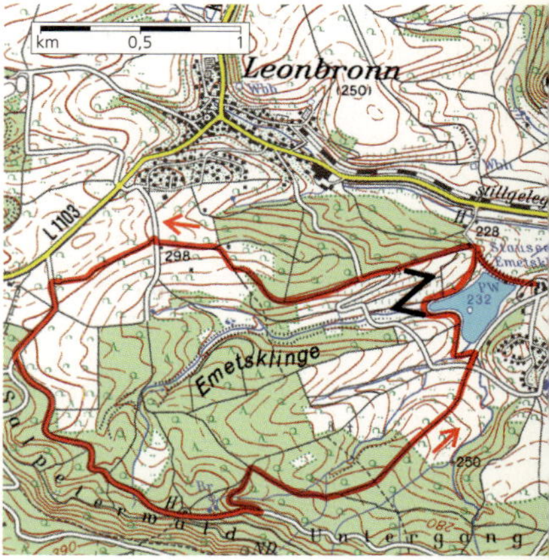

An Tieren leben hier Bläss- und Teichhühner, Haubentaucher, Fischadler, Eisvögel, Graureiher, Kormorane, Stock- und Reiherenten, außerdem Gras-, Wasser- und

Im Hochsommer: Strandleben am Stausee Ehmetsklinge

Der Stausee Ehmetsklinge besitzt auch naturbelassene Ufer.

Laubfrösche, Erd- und Wechselkröten, Berg- und Teichmolche, Feuersalamander sowie verschiedene seltene Arten von Fledermäusen und Schmetterlingen, beispielsweise der Helle Wiesenknopf-Ameisen-Bläuling.

Am Ende des Nordufers biegen wir nach links ab, das Zeichen roter Punkt weist uns nach »Sternenfels«. Wir überqueren zweimal einen Zulauf und biegen am Ende des eingezäunten Biotops nach rechts ab in Richtung »Sternenfels«. Es steigt an, und wir kommen in den Wald, wo der Weg nach rechts zieht. Schließlich müssen wir im rechten Winkel nach links abbiegen (Rossbollenweg). Es folgt eine Linkskurve, dann stoßen wir auf einen Forstweg, dem wir nach rechts folgen (Zaberhaldestraße). Nach einem Anstieg erreichen wir eine Wegspinne, danach geht es geradeaus auf dem Salpeterweg weiter.

Nach einigen Windungen verlassen wir den Wald und wandern am Waldrand weiter. Schließlich knickt der Weg an einer Waldecke nach rechts ab, nun geht es ohne Zeichen weiter. Kurze Zeit später weicht der Wald links zurück, nach wenigen Minuten macht unser Weg einen Linksknick, und wiederum einige Minuten später biegen wir nach rechts in einen Schotterweg ein. Er bringt uns nach etwa einem halben Kilometer zu einem querenden Weg. Etwas nach rechts versetzt wandern wir in derselben Richtung einige Minuten weiter bis zum Waldrand, wo wir in den nach rechts führenden Weg abbiegen, nun mit dem Wanderzeichen rotes Kreuz.

Den Rotkreuzweg verlassen wir aber gleich darauf, indem wir nach links in den unmarkierten Eichelbergweg einbiegen. Nun wandern wir kurz im Wald, dann mit schönem Blick nach rechts auf die Wälder und die tief liegende Ehmetsklinge und schließlich zwischen Waldrand und Weinreben. Wir halten uns immer geradeaus und kommen nach den Weinbergen an Obstwiesen vorbei. Rechts unten sehen wir schon den Stausee. Nach kurzem Bergabmarsch erreichen wir einen Parkplatz und gehen nach rechts zur Staumauer und zurück zum Ausgangspunkt.

Länge:
Etwa 7 Kilometer.

Zeit:
Etwa 2 bis 3 Stunden.

Höhenunterschied:
Etwa 100 Meter.

Empfohlene Karte:
Blatt 29, Naturpark Stromberg-Heuchelberg, Landesvermessungsamt Baden-Württemberg.

Einkehrmöglichkeit:
Am Stausee gibt es verschiedene Einkehrmöglichkeiten.

Grillmöglichkeit:
Am Stausee.

Sonstiges:
Die Wanderung verläuft auf Naturpfaden und festen Wegen.

Zum Nachlesen:
Dieter Buck: Ausflugsziel Stromberg-Heuchelberg. Tübingen, 2003.

Für Kinder:
Die Wanderung ist nicht allzu lang, zudem ist sie auch als kurze Radtour möglich. Ansonsten kann man mit Kindern auch einfach einen Badetag einlegen. Der See und der kleine Sandstrand werden ihnen bestimmt gefallen. Wer möchte, kann auch Boot fahren.

Flussmäander und idyllische Orte

Durch das Enztal

Bietigheim – Bissingen – Vaihingen/Enz – Roßwag – Lomersheim – Bietigheim

Auf dieser Tour radeln wir von Bietigheim aus die Enz aufwärts und kehren auf demselben Weg wieder zurück. Dies ist weniger langweilig, als man denkt, denn der Landschaftseindruck verändert sich durch die neue Blickrichtung und durch den geänderten Sonnenstand. Zudem kann man auf dem Rückweg besser einschätzen, wie viel Zeit zur Besichtigung der Orte bleibt. Wem die ganze Strecke zu viel ist, der dreht nach Lust und Laune um.

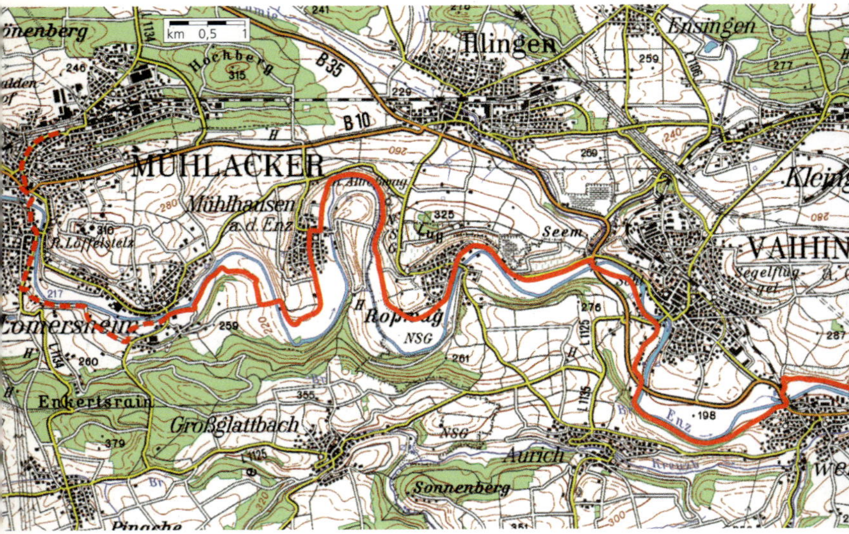

Ausgangspunkt:
Bietigheim.

Wegverlauf:
Wer mit der S-Bahn anreist, hält sich beim Verlassen des *Bahnhofs* etwas links Richtung Bushalteplatz 1 und unterquert hinter ihm die Straße in Richtung »Historische Innenstadt«. Man stößt auf die Wobachstraße, in der man sich links hält. Wer mit dem Auto unterwegs ist, parkt in der Umgebung des Bahnhofs und kommt über die dem Bahnhof gegenüberliegende Austraße in die Wobachstraße.

Wir fahren auf der Wobachstraße ins *Enztal,* wo wir hinter dem letzten Haus nach links in Richtung »Bissingen« abbiegen. Im Prinzip ist der Enztalradweg durchgehend gut bezeichnet, sodass man sich vollständig auf die Beschilderung verlassen kann. Allerdings verläuft er mittlerweile etwas anders, als auf der amtlichen Karte eingezeichnet.

»**Enz**, Fluß, in Wirtemberg, entsteht aus zwo Quellen. ... Zum Flössen und Holzkommerz, ist dieser Fluß von vielem Nuzen«, war im 1800 erschienenen Lexikon von Schwaben zu lesen, und das Lexikon von Württemberg schrieb 1833 »Es wird auf ihr sehr viel Holz aus dem Schwarzwalde herab geflößt.« Zehn Jahre später war im von Theodor Griesinger herausgegebenen Universal-Lexikon von Württemberg zu lesen: »... ihr Lauf beträgt 29 ½ Stunden« und in der Ergänzung: »... Von Enzberg an sind die Thalwände mit Reben bepflanzt, und das Thal gewinnt nun, was es

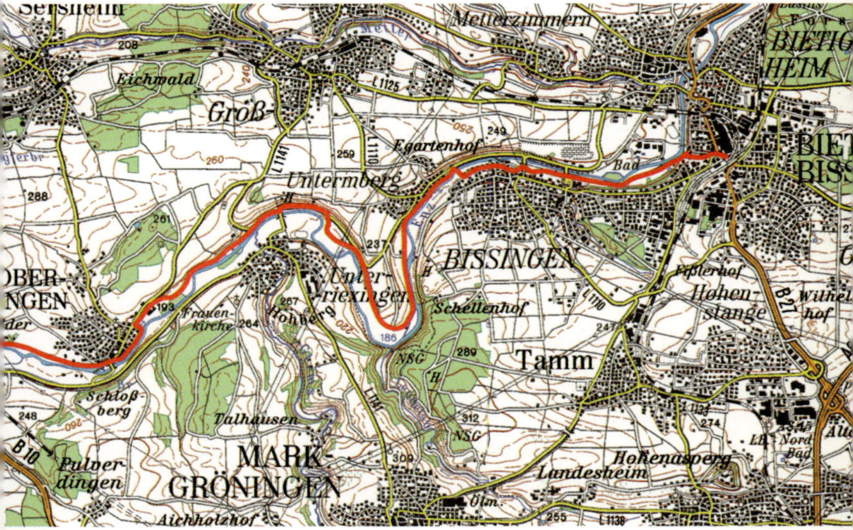

Modernes Wasserspiel in der Enz bei Bietigheim

an Wildheit und Romantischem verliert, an Freundlichkeit ...« Auch die Beschreibung des Oberamts Vaihingen ging 1856 auf den Fluss und die Landschaft dieser Tour ein, denn hier war zu lesen: »Das vielseitig gekrümmte Enz-Thal hat im Allgemeinen einen milden, anmuthigen Charakter; die wiesenreiche Thalebene ist nicht selten 1/8 Stunde und oberhalb Roßwaag beinahe ¼ Stunde breit, und nur an einzelnen Stellen so verengt, dass sie der Fluß beinahe ganz einnimmt. ... Hierdurch haben sich Thalweitungen gebildet, welche zum Theil, wie bei Vaihingen, sehr beträchtlich sind und zur Fruchtbarkeit, wie zur Anmuth des Thales, hauptsächlich beitragen.« Und: »... und wer nach Durchwanderung des eintönigen Flachlandes endlich irgend einen Thalrand erreicht, der wird gewiß durch einen Blick in die anmuthigen Thäler, namentlich in das an freundlichen Ortschaften reiche Enz-Thal, in dem sich der schon ziemlich erstarkte, mit uferliebenden Holzarten besaumte Fluß durch üppige Wiesengründe schlängelt, angenehm überrascht.«

Die beiden Quellflüsse der Enz, die Große und die Kleine Enz, entspringen im Schwarzwald und vereinigen sich bei Calmbach. Vorbei an Pforzheim, Mühlacker, Vaihingen/Enz und Bietigheim-Bissingen schlängelt sich (oder mäandert) der Fluss, bis er schließlich bei Besigheim in den Neckar mündet.

Mäander, so hieß ein Fluss in Kleinasien (sein heutiger Name ist Menderes). In der Natur werden die Begriffe »mäandern« oder »mäandrieren« für Bachläufe benutzt, die

Der berühmte Enzviadukt bei Bietigheim

Schlingen und Schleifen bilden. Sie haben flache Gleitufer (Gleithänge) und gegenüber steile Prallufer (Prallhänge). Heute sind viele der früher noch natürlich mäandrierenden Wasserläufe begradigt, was nicht nur dem Landschaftsbild schadet, sondern auch die Hochwassergefahr erhöht. Ab und zu findet man aber noch einen Bach oder Fluss, der sich gemächlich durch die Landschaft schlängelt. Und einer der größten und schönsten dieser Flüsse ist die Enz. Hier reihen sich Naturschutzgebiete und Naturdenkmale, Tümpel und Seitenflüsschen aneinander. Teils fließt der Fluss direkt neben dem Weg, teils zieht er in weitem Bogen durchs Tal und ist nur durch den Baumbestand an seinem Ufer von der Ferne zu entdecken. Die romantischen Ortschaften und Städtchen entlang der Enz verlocken zu einem Abstecher, entweder um einzukehren oder um einen kleinen Rundgang durch die alten Gassen zu machen.

An der Verzweigung kurz vor *Bissingen* halten wir uns rechts und unterqueren die Brücke. Kurz vor der mächtigen *Rommelmühle* müssen wir nach links, dann gleich nach rechts abbiegen. Etwas später kommen wir zu einer Art Aussichtsterrasse über der Enz, hier befand sich früher eine Brücke, die aber 1945 von zurückweichenden deutschen Truppen gesprengt wurde. Danach liegt rechts das *Naturdenkmal Brühlwiesen.*

Das **Naturdenkmal Brühlwiesen** besteht aus mehreren Feuchtbio-

Die Enz mäandert durch blühende Wiesen.

die Enz auf einem Steg nach *Untermberg*. Wir halten uns gleich nach der Enz links und fahren immer am Fluss entlang. Nach einem Rechts-Links-Knick geht es ein Stück durch eine Anliegerstraße, dann verlassen wir den Ort, sind wieder in der Natur und rollen weitab der Straße durch eine »Nase« entlang des Flusses.

Schließlich treffen wir auf die Straße, der wir bis zum Abzweig nach *Unterriexingen* folgen, hier überqueren wir aber nicht den Fluss nach links, sondern fahren geradeaus weiter bis Oberriexingen. Unterwegs sehen wir die Naturdenkmale »Tümpel beim ehemaligen Remmingheim«, später *»Feuchtgebiet Lachenwiesen«*.

topen. Der Name Brühl deutet auf sumpfige Wiesen hin. Dementsprechend ist auch die Flora: Es wachsen Sumpfpflanzen wie Igelkolben, Froschlöffel, Wasserschwertlilien, Binsen und verschiedene Arten von Sauergräsern. Auch die Insektenwelt ist vielfältig, so findet man die Schilfradnetzspinne oder die Nachtschmetterlinge Rohrbohrer, Schilfwickler und Schilfeule.

Kurz nach den Brühlwiesen sehen wir rechts oben die Burgruine Alt-Sachsenheim. Nun überqueren wir

Das 1983 zum Naturdenkmal erklärte **Feuchtgebiet Lachenwiesen** ist ein schmales Band von Feuchtbiotopen mit kleinen Stillgewässern und Tümpeln. Wir finden hier zahlreiche Sumpfpflanzen und knorrige Kopfweiden. Auch lebt in den stehenden Gewässern eine ganz andere Tierwelt als im Fluss. Interessant sind die Kopfweiden, die jahrhundertelang von Korbflechtern »geerntet« wurden und die der Brennholzgewinnung dienten. Sie sind beliebte Wohnstätten für Insekten, so zählte man beispielsweise in einem dieser alten Bäume mehr als hundert Käferarten. Um das Aussehen der Bäume zu erhalten und sie vor dem Auseinanderbrechen durch überschwere Kopfteile zu bewahren, werden sie alle paar Jahre zurückgeschnitten.

Wir kommen erst zu einem Gewerbeanwesen, dann nach *Oberriexingen.* Am Ortsanfang müssen wir erst nach links, nach der Kläranlage nach rechts abbiegen. Später halten wir uns erst rechts, dann links, als Nächstes geht es weiter geradeaus. Den Abzweig der Straße nach links über den Fluss ignorieren wir, radeln geradeaus weiter und zweigen gleich darauf nach links ab. Es geht nun entlang des Flusses, am fachwerkgeschmückten *Leinfelder Hof* vorbei, dann unterqueren wir die mächtige Eisenbahnbrücke. An der Verzweigung nach der Gärtnerei an der Grubbank fahren wir geradeaus weiter.

Schließlich kommen wir vor *Vaihingen/Enz* bei einer Scheune zu einem querenden Weg, wo wir nach links abbiegen. Es wird nun kurz kompliziert, aber es sind genügend Zeichen angebracht. Wir fahren entlang der *B 10* kurz nach links, unterqueren sie nach rechts und fahren nun (auf einem nicht auf der Karte verzeichneten Weg) wieder auf die B 10 zu. Hier werden wir nach rechts verwiesen; wir überqueren neben der Bundesstraße die Enz und biegen anschließend nach rechts ab.

Den Sportplatz lassen wir rechts liegen, schließlich knickt der Radweg nach rechts ab und führt uns entlang des nächsten Sportplatzes und des Vaihinger Hallen- und Freibades zur Straße. Wir überqueren sie und fahren dahinter geradeaus weiter, auch jetzt führt der Weg wieder anders, als in der Karte verzeichnet ist. Etwas später zieht der Radweg nach rechts hoch zur Brücke, die wir ebenfalls kompliziert, aber gut bezeichnet umfahren. Hier können wir auf dem Rückweg, wenn wir möchten, auf der Straße nach Vaihingen/Enz hineinfahren. Jetzt aber rollen wir erst links, dann rechts neben der Straße nach *Roßwag.*

Wir durchfahren den Ort, bis die Straße nach rechts zieht und wir nach links in die Wiesen geleitet werden. Nun folgt wieder ein herrliches Stück Natur: Das *Natur-*

schutzgebiet Schlosswiesen, das mächtige, bizarre Kopfweiden aufzuweisen hat. Wir bleiben immer rechts des Flusses bis Mühlhausen, kurz vor dem Ort liegen rechts des Weges über den Weinbergterrassen mächtige Muschelkalkfelsen, auf einem thront die – allerdings kaum sichtbare – Ruine Alt-Roßwag.

Auch durch *Mühlhausen* fahren wir geradeaus hindurch, bis wir nach rechts in die Theodor-Heuss-Straße geleitet werden, gleich darauf müssen wir uns links halten. Wir kommen wieder in die Wiesen, nach einer weiten Rechtskurve überqueren wir die Enz und fahren links des Flusses bis *Lomersheim.*

Ab hier geht es auf demselben Weg zurück. Wer will, fährt noch etwa drei Kilometer weiter bis Dürrmenz oder vielleicht sogar bis Mühlacker, wo man in die Bahn einsteigen kann.

Wenn man auf dem Rückweg *Vaihingen/Enz* besichtigen möchte, fährt man an der Brücke vor der Stadt geradeaus weiter und auf der Landstraße ins Zentrum hinein. Nach der Stadtbesichtigung radelt man geradeaus weiter und kommt schließlich wieder zu der Brücke der B 10 über die Enz vor *Enzweihingen,* ab hier fährt man auf bekanntem Weg zurück.

Länge:
Hin- und Rückfahrt bis Vaihingen/Enz etwa 50, bis Mühlhausen etwa 62 und bis Lomersheim etwa 70 Kilometer.

Zeit:
Bis Lomersheim und zurück etwa 5 Stunden.

Höhenunterschied:
Unwesentlich.

Empfohlene Karte:
Blatt 29, Naturpark Stromberg-Heuchelberg, Landesvermessungsamt Baden-Württemberg.

Einkehrmöglichkeit:
In den Orten unterwegs.

Sonstiges:
Die Tour verläuft meist auf Radwegen, kurze Abschnitte auch auf Landstraßen.

Zum Nachlesen:
Dieter Buck: Ausflugsziel Stromberg-Heuchelberg. Tübingen, 2003.

Für Kinder:
Da man auf Hin- und Rückfahrt denselben Weg fährt, kann man mit Kindern einfach so weit fahren, wie die Kinder (einschließlich Rückweg) Lust haben und die Strecke schaffen. Der Weg ist gut zu fahren und bietet immer wieder auch für Kinder interessante Abschnitte. Besonders gefallen wird ihnen vielleicht das Naturschutzgebiet Schlosswiesen bei Roßwag. Wer eine Burgruine besuchen will, geht (zum Fahren ist es wohl zu steil für Kinder) in Untermberg hoch zur Ruine Alt-Sachsenheim (in der Karte als Äußere Burg eingetragen).

Zwei Wasserfälle und ein wilder Bach

Die Hörschbachfälle

*Murrhardt – Vorderer Wasserfall –
Hintere Wasserfälle – Murrhardt*

Diese Wanderung im Naturpark Schwäbisch-Fränkischer Wald bringt uns fast alpine Erlebnisse, zumindest auf dem Wegstück entlang des Hörschbachs vom Vorderen Wasserfall zu den beiden Hinteren Wasserfällen. Man geht auf Trittsteinen im Wasser oder an steilen Hangstücken entlang und braucht vielleicht das eine oder andere Mal die Hände zur Unterstützung. Es kommt sogar vor, dass der Weg gar nicht passierbar ist. Dann schaut man sich zuerst den Vorderen Wasserfall an, geht im Tal so weit wie möglich, dann zurück und spaziert – hier als Rückweg beschrieben – zu den Hinteren Wasserfällen. Macht man die Tour aber im Winter, so ist äußerste Vorsicht geboten: Der Weg am Bach entlang vom Vorderen bis zum Hinteren Wasserfall erfordert fast alpine Erfahrung im Eisgehen! Deshalb sollte man zum Hinteren Fall dann eher auf dem Forstweg wandern.

Vorderer Hörschbach-Wasserfall

Ausgangspunkt:
Murrhardt.

Wegverlauf:
Am Westende von *Murrhardt* folgen wir dem Wegweiser nach »Siebenknie«, dann der Beschilderung zu den »Hörschbachwasserfällen«. Kurz nach dem Abzweig »Wanderweg nach Waltersberg« kommt vor dem Wald ein kleiner Parkplatz, kurz danach im Wald ein weiterer. Bei diesem sehen wir auch schon links der Straße den Vorderen Wasserfall. Man kann das Auto an beiden Parkplätzen abstellen. Beim Vorderen Wasserfall folgen wir der Markierung blauer Punkt, die uns direkt am Bach entlang in einer Dreiviertelstunde zu den beiden *Hinteren Wasserfällen* bringt; die Strecke ist etwa zwei Kilometer lang.

Der **Hörschbach,** wohl der bekannteste Seitenzufluss der Murr, fällt bei dem **Vorderen Wasserfall** in einem Stück rund fünf Meter über eine harte Steinmergelbank des Gipskeupers, der so genannten Engelhofer Platte. Sie entstand vor etwa 200 Millionen Jahren und ist nur bis zu sechzig Zentimeter dick. Da das darunter liegende mergelige Gestein des Gipskeupers weicher ist, wurde es ausgespült und die Platte brach ab; Bruchstücke von ihr liegen im Bachbett. Man sollte auch die glatten Kluftspalten beachten, die in ihrer Regelmäßigkeit wie künstlich abgeschnitten aussehen. Das Bachbett ist wohl wegen der Wucht des Wasserfalls leicht ausgeweitet.

1871 wurde in der Oberamtsbeschreibung Backnang bereits geschwärmt: »Durch die hier anstehende Gebirgsart bedingt, ist das Gebirg in eine Menge von Kuppen, Mulden, Rinnen und Schluchten verzweigt, und bietet so ganz reizend-mannigfaltige und feine Formen.« Weiter wurde geschrieben, dass »... in allen diesen Schluchten und Thälchen« ein klarer Bach fließt und über Sandsteinbänke stürzt.

Schön sind die moos- und farnbewachsenen Felsbrocken, wobei Pflanzenkenner zwischen dem Tüpfel-, dem Frauen-, dem Wurm-, dem Dorn-, dem Buchen- und dem Gelappten Schildfarn unterscheiden. An etwas sonnigeren Stellen finden Blumenfreunde auch Vorkommen von Leberblümchen. Botaniker zählten hier schon 130, man liest sogar von 250 Arten von Pflanzen. Urig wirken die umgestürzten Bäume. Es gibt fast sechzig verschiedene Moosarten, zehn Farnarten, außerdem botanische Kostbarkeiten wie Winterschachtelhalm, Waldgeißbart, Wolliger Hahnenfuß, Gegenblättriges Milzkraut und Moschuskraut. Weiter oben werden die Felsformationen mächtiger, man sieht kleine Höhlen und Überhänge. An Tieren sind Steinkrebse, Bachforellen und Feuersalamander zu finden. Mit etwas Glück sieht man die weißbrüstige Wasseramsel, ein Vogel, der in den 1960er-Jahren ganz aus Baden-Württemberg verschwunden war und sich erst infolge der wieder steigenden Wasserqualität erneut angesiedelt hat. 46,4 Hektar in den Markungen Murrhardt, Althütte und Auenwald wurden vom Regierungspräsidium Stuttgart zum Naturschutzgebiet erklärt.

Bei den **Hinteren Wasserfällen** widersetzte sich der harte Kieselsandstein der Erosion, der Bach fraß sich aber durch eine steile Schlucht in die Schichten des Keupermergels. Der große Fall fällt zuerst drei Meter senkrecht hinunter, dann in mehreren Kaskaden insgesamt rund zwölf Meter tief.

Oberhalb des letzten Wasserfalls befindet sich ein kleines Rückhaltebecken mit einer Stellfalle. Hier steht an einem Baum die Aufforderung zu lesen: »Wanderer, mach die Falle auf, lass dem Wasser seinen Lauf. Hast du den Fall beschaut in Ruh, mach die Falle wieder zu.« Ein Scherzbold, der sich wohl über die schwer gängige Stellfalle geärgert hatte, erweiterte das Gedicht einst: »Wanderer, bring ein wenig Schmer, denn die Falle geht so schwer!«

Auf der Fläche oberhalb des *großen Wasserfalls*, wo sich auch die Stellfalle befindet, halten wir uns mit dem Zeichen roter Strich nach rechts in Richtung »Eschelhof«. Den vor der Rechtskurve abzweigenden mit rotem Strich gekennzeichneten Weg ignorieren wir und wandern weiter auf dem Forstweg, immer nach Norden, bis wir auf die Straße stoßen, auf der wir in wenigen Minuten hinab zu den Parkplätzen gehen.

- **Länge:**
  Etwa 5 Kilometer.

- **Zeit:**
  Etwa 1 ½ bis 2 Stunden.

- **Höhenunterschied:**
  Etwa 180 Meter.

- **Empfohlene Karte:**
  Freizeitkarte 518, Schwäbisch Hall, Landesvermessungsamt Baden-Württemberg.

- **Einkehrmöglichkeit:**
  Murrhardt.

- **Sonstiges:**
  Die Wanderung verläuft auf Naturpfaden und festen Wegen. Bei feuchtem Wetter sollte man am

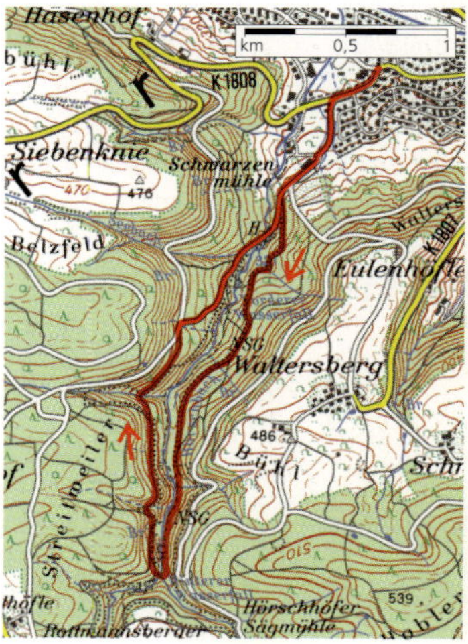

Bach entlang vorsichtig sein, denn der Weg und vor allem die Holzbrücken können rutschig sein. Ist der Weg entlang des Hörschbachs nicht durchgehend begehbar, dann wandert man einfach so lange, bis es nicht mehr weiter geht, kehrt dann zurück und folgt dem steil ansteigenden Sträßchen zum Trailhof. Kurz hinter dem Parkplatz beim Vorderen Wasserfall zieht das Wasserfallsträßchen nach links von der Straße ab und bringt uns sicher zu den beiden Hinteren Wasserfällen.

Herrliche Natur an den Hinteren Wasserfällen

Öffentliche Verkehrsmittel:

Murrhardt ist Bahnstation, allerdings kommt dann zur Wegstrecke noch der Weg vom Bahnhof zum Ausgangspunkt dazu.

Für Kinder:

Der Vordere Wasserfall ist nur wenige Meter vom Parkplatz entfernt, also auch für kleinere Kinder gut zu erreichen. Die Hinteren Wasserfälle sind für Kinder aber noch interessanter, vor allem durch die Stellfalle, die man selbst bedienen darf.

Da der Weg entlang des Baches recht anstrengend ist, es viel zu sehen gibt und man am Bach und an den drei Wasserfällen jede Menge Spielmöglichkeiten findet – ganz abgesehen von der Stellfalle! –, ist hier nur eine kurze Tour beschrieben. Vorausschauende Eltern haben den Kindern Kleider angezogen, die gut zu waschen sind, und vielleicht auch Ersatzkleidung im Rucksack. Denn sauber bleibt bei dieser Tour wohl niemand, vor allem bei feuchtem Wetter kann die Strecke durchaus schlammig sein.

Ein schöner Ausklang ist das Carl-Schweizer-Museum in Murrhardt mit seiner großen zoologischen Abteilung.

Grotten und Wasserfälle

Viel Wasser im Welzheimer Wald

Breitenfürst – Laufenmühle – Kesselgrotte – Lettenstich – Langenberg – Forellensprung – Edenbachtal – Breitenfürst

Diese Wanderung führt uns in den wasser- und klingenreichen Welzheimer Wald, in dem wir gleich drei herrliche Natursehenswürdigkeiten besuchen; alle drei sind als Naturdenkmal ausgewiesen und alle haben mit Wasser zu tun. Hier gibt es beispielsweise den urigen Edenbach, der sich durch den Wald schlängelt und nach feuchten Perioden sumpfige Tümpel bildet. Flankiert ist er von umgestürzten und bemoosten Bäumen, die einfach vermodern dürfen. Insgesamt erwartet uns eine üppig wuchernde Natur mit einer urwaldartigen Atmosphäre – der Amazonas lässt grüßen!

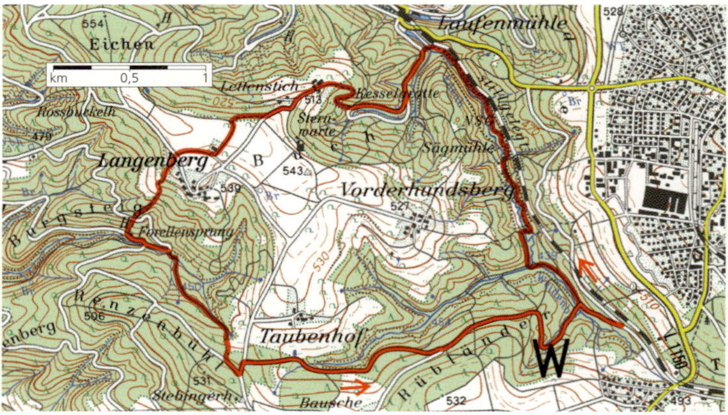

Ausgangspunkt:
Breitenfürst.

Wegverlauf:
Am nördlichen Ende des Ortes, bevor die Straße in den Wald hineinführt und nach Welzheim zu wieder ansteigt, fahren wir vor den Bahngleisen nach links bis zu einem kleinen Parkplatz an einer Wassertretstelle. Hier nehmen wir den weiterführenden Forstweg, halten uns gleich links und kommen hinab ins Tal. Links von uns schlängelt sich malerisch der Edenbach. Nach etwa einem Kilometer weist uns das Schild nach rechts in Richtung »Laufenmühle«.

Kurz darauf gehen wir nach rechts über die Holzbrücke und steigen auf einem Pfad zu einem Querweg etwas hoch; nun geht es auf einem Pfad nach links weiter, hoch über dem Bach. Jetzt erleben wir auch die erwähnte urwaldartige Stimmung um den *Edenbach*. Ein Stück Böschung wurde unterspült, für ängstliche Gemüter ist der Weg mit einem Seil gesichert – etwas später folgt eine weitere Seilsicherung! Der Pfad führt uns über einige Bohlenbrücken. Interessant ist auch die verschiedenartige Farbigkeit des Untergrunds und der Steine des Bachbettes: Von rot über grün bis hin zu schwarz reicht die Farbpalette.

Leider allzu bald verlassen wir das Naturschutzgebiet; kurz hinter dem Schild liegt eine Feuerstelle, hier weist »Weg 3« nach links. Wir überqueren den Bach und treffen kurz darauf auf einen breiten Forstweg, den »Müllergehrenweg«. Nun folgen wir dem blauen Kreuz nach links aufwärts. Ein Stück weit wandern wir auf dem »Geologischen Pfad Welzheim«. An der Verzweigung kurz nach einer Holzhütte halten wir uns rechts. Dort, wo der Weg eine Linkskurve beschreibt, gehen wir geradeaus weiter zum Naturdenkmal *Kesselgrotte*.

Beim Naturdenkmal **Kesselgrotte** (470 m) haben sich im Oberen Stubensandstein aufgrund unterschiedlicher Härten im sonst einheitlichen groben Stubensandstein Kanzeln und Hohlkehlen gebildet. Dieses Gestein wird auch Höhlensandstein genannt, da sich hier häufig solche Grotten bilden.

Die Kesselgrotte besitzt ein überhängendes Dach aus härterem Gestein, das durch Verwitterung langsam zurückschreitet. Die Kanzeln, Nasen und Türme bestehen aus widerstandsfähigerem Material und blieben deshalb, während das umliegende, weichere Gestein im Laufe der Zeit abgetragen wurde, stehen. Die Hohlkehlen werden im mürberen Sandstein gebildet; er hat nur wenig toniges Bindematerial und so kommt es zur Baldachinbildung. Das Wasser rieselt hier ständig herab und durchfeuchtet den Untergrund. Durch den Wechsel von Gefrieren und Auftauen werden im Winter Sandsteinplatten abgesprengt, was die Hohlkehlen ebenfalls vergrößert.

Wie in einem Geister- und Elfenreich hängen von der baldachinartigen Wölbung Efeutriebe herab. Ein besonderes Erlebnis ist ein Besuch der Grotte an trüben Tagen, am besten nach Regen. Dann glänzen die Pflanzen in einem intensiven Grün, und mehr Wasser als sonst rieselt herab.

Hier zieht unser Pfad nach rechts hoch zu einem etwas breiteren Weg; er bringt uns nach links aus dem Wald heraus und nochmals nach links zu dem kleinen Weiler *Lettenstich*. Durch ihn gehen wir hindurch. Wir bleiben auf dem Sträßchen – nun mit dem blauen Punkt – und kommen nach dem letzten Haus zum Waldrand, gehen kurz an ihm entlang und werden dann dort, wo nach rund hundert Metern die Straße nach links zieht, nach rechts in den Wald verwiesen. Das Ziel »Forellensprung« ist bereits angezeigt. Nach wenigen Minuten spazieren wir über den Feldweg nach links zu dem einzelnen frei stehenden Gehöft, nach ihm nach rechts. Nach einem Sträßchen geht es abwärts, anfangs mit einem schönen, weiten Blick. Der Weg zieht nach links, in den Wald hinein und schließlich steil bergab. Wir überschreiten einen Forstweg und treffen beim nächsten auf eine Holzhütte. Zum *Forellensprung* weist ein Schild nach rechts.

Beim Naturdenkmal **Forellensprung** (420 m) stürzt ein Wasserfall des Burgsteigklingenbaches mehrere Meter über eine Gesteinsbank des Unteren Stubensandsteins hinab. Da die Kalksandsteinbank aus härterem Material ist als der Untergrund, wurde dieser ausgewaschen. Dazu trägt auch die Wucht des fallenden Wassers bei, das sich dadurch rascher in die weicheren Tone des Kessels eingräbt. Da der Wasserfall weiter an der harten Felsbank sägt, weicht sie hufeisenförmig zurück.

Urtümlich: die mächtige Kesselgrotte

Nach dem Wasserfall kehren wir zu der Hütte zurück und folgen dem Weg weiter, bis er eine Rechtskurve beschreibt. Wir gehen, uns an dem Schild »Eselshalden« orientierend, geradeaus weiter, ebenso gleich darauf an der Linkskurve. Ein ziemlich ausgewaschener und durchwühlter Erdweg, zum Teil bezeichnet, bringt uns immer aufwärts bis zu einem geschotterten Forstweg. In ihn biegen wir nach links ein. Den kurz darauf nach rechts abzweigenden Pfad nach Eselshalden ignorieren wir, geradeaus gehend erreichen wir eine Asphaltstraße. Wir spazieren einige Meter nach links und biegen dann in den Forstweg nach rechts ein – »Edenbachtal« ist bereits wieder angeschrieben. Dort, wo unser Weg auf einen anderen trifft, wandern wir geradeaus weiter, erst eben, dann aber hinab ins Tal, das wir noch vom Beginn der Wanderung her kennen. Nach rechts aufwärts kommen wir in wenigen Minuten zurück zum Ausgangspunkt.

Der Wasserfall Forellensprung liegt im Wald versteckt.

Länge:
Etwa 9 Kilometer.

Zeit:
Etwa 3 Stunden.

Höhenunterschied:
Etwa 250 Meter.

Empfohlene Karte:
Freizeitkarte 518, Schwäbisch Hall, Landesvermessungsamt Baden-Württemberg.

Grillmöglichkeit:
Nach dem Edenbachtal.

Sonstiges:
Die Wanderung verläuft zum Teil auf Forstwegen, zu großen Teilen aber auf Pfaden im Wald. Diese können nach Regenperioden feucht und schlüpfrig sein, auf geeignetes Schuhwerk sollte daher geachtet werden.

Für Kinder:
Kesselgrotte und Forellensprung werden auch Kindern gefallen, insgesamt ist die Wanderung so kurz, dass ältere Kinder sie gut schaffen können.

Stauseen und Mühlen

Durch den Schwäbischen Wald

Hagerwaldsee – Hüttenbühlsee – Heinlesmühle – Cronhütte – Hagerwaldsee

Diese kurze Tour bietet »Wasser pur«. Nicht nur zwei Seen, die mitten im dichten Wald versteckt sind und die, obwohl Stauseen, sehr idyllisch sind. Es handelt sich um Hochwasserrückhaltebecken des Wasserverbandes Kocher-Lein, mit denen man die Hochwassergefahr im Leintal und mittelbar im Kochertal beseitigen wollte. Auch die Bäche und die Mühlen, an denen man vorbeikommt, sind sehenswerte »nasse Ziele«. Da die Wanderung nicht allzu lang ist, hat man genügend Zeit, das Wasser zu genießen – zum Beispiel, indem man ein Bad darin nimmt! Und wem es gar zu gut gefällt, der kann auf dem Campingplatz am Hagerwaldsee übernachten.

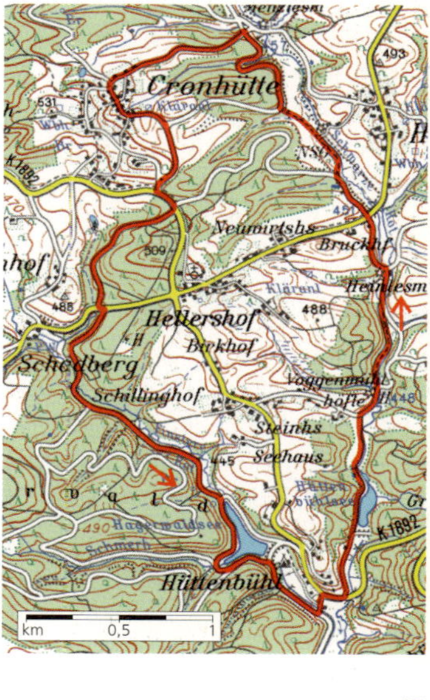

- **Ausgangspunkt:**
  Hagerwaldsee.

- **Wegverlauf:**
  Vom großen Parkplatz vor dem *Hagerwaldsee* gehen wir mit dem Wanderzeichen roter Strich kurz neben der Straße her. Gleich danach gehen wir nach links in den Wald

Der Hagerwaldstausee ist von ernsten Wäldern umgeben.

hinein, kurz darauf treffen wir auf den *Hüttenbühlsee*. Der See wurde 1959 angelegt, ist im Normalfall etwa vier Meter tief und kann im Notfall bis zu 550 000 Kubikmeter Wasser speichern.

Wir gehen am See entlang, dahinter durch das idyllische Tal der Schwarzen Rot bis zur so genannten *Hummelgautsche*.

Die 1835 erbaute **Vaihinghofer Sägmühle** bekam ihren volkstümlichen Namen **»Hummelgautsche«** zum einen von der benachbarten Weide des Gemeindebullen, des »Hummels«, und zum anderen vom »gautschenden« Sägegatter. So heißt es zumindest auf einem dort angebrachten Schild. Die Mühle wurde erstmals im 14. Jahrhundert in einer Urkunde bei einem Verkauf an das Kloster Lorch erwähnt. Später war sie als so genannte Gemeinschaftsmühle im Besitz mehrerer freier Bauern. 1973 wurde sie von der Gemeinde Alfdorf gekauft und renoviert.

Danach wandern wir auf einem Pfad neben dem Bach bis zur *Heinlesmühle*.

Dort, wo heute das imposante Fachwerkgebäude der **Heinlesmühle** steht, befand sich wohl schon im 12. Jahrhundert eine Mühle, die bis Mitte des 16. Jahrhunderts der

Stadt Gmünd gehörte. Später ging sie in Privatbesitz über. Welche Bedeutung die Mühle gehabt haben muss, lässt sich daran erkennen, dass beispielsweise im Jahr 1829 ein Viertel der Gesamtsteuern der Gemeinde von den damaligen Mühlenbesitzern gezahlt werden musste. Die Mühle war zeitweise Schildwirtschaft, das hieß, dass dort bewirtet wurde und dass Reisende übernachten konnten. Sogar die »Schultheißerei«, also das Rathaus, war hier bis zur Mitte des 19. Jahrhunderts untergebracht.

Naturbelassene Idylle am Stausee Hüttenbühlsee

Nach der Heinlesmühle halten wir uns an der Verzweigung links und kommen zur Straße. Hinter ihr behalten wir unsere Richtung bei. Gleich danach zweigt der Wander-

Die Heinlesmühle: eine schöne Mühle im Schwäbisch-Fränkischen Wald

Einsam im Wald gelegen: die Menzlesmühle

weg nach rechts ab, nun gehen wir auf einem Holzweg bis zur *Hundsberger Sägemühle,* danach zieht der Weg über die Wiesen nach links zum Waldrand und nach rechts an ihm entlang. Nun kommen wir in den Wald. Nach kurzem Anstieg treffen wir auf einen Forstweg, in den wir nach rechts einbiegen. Er beschreibt eine ausgeprägte Kurve und bringt uns zum Waldrand. Rechts sehen wir die *Menzlesmühle*.

Die aus dem 14. Jahrhundert stammende **Menzlesmühle** hat heute vier Mühlräder, davon drei oberschlächtige, die vom Hag- und Gauchhauserbach angetrieben werden. Von 1365 bis 1682 trug sie den Namen Cronmühle nach dem nahe gelegenen Ort Cronhütte. 1721 brannte sie durch ein Großfeuer ab, wurde aber später wieder aufgebaut. Seit 1980 ist sie außer Betrieb.

Wir biegen aber am Waldrand nach links ab. Es geht nun auf dem Sträßchen hinauf nach *Cronhütte*. In dem Weiler biegen wir nach links ab Richtung »Hellershof«. Nach einer lang gezogenen Kurve wandern wir kurz am Wald entlang, danach treffen wir auf die Straße. Wir halten kurz links und biegen gleich am nächsten Weg nach rechts ab in den Cronhüttenweg. Auf ihm gehen wir zur nächsten Landstraße. Dort führt unser Weg auf der anderen Straßenseite weiter, bald sind wir im Tal der *Finsteren Rot*. Entlang des Baches wandern wir zum *Hagerwaldsee*.

Der See wurde 1969 fertig gestellt, er ist etwa vier Meter tief und kann bis zu 870 000 Kubikmeter Wasser aufnehmen.

Wir können nun links oder rechts des Sees spazieren, an seinem Ende gehen wir aber am besten auf die Südseite (rechte Seite) des Damms und folgen hier dem Sträßchen, das uns rechts des Baches zurück zum Parkplatz bringt.

- **Länge:**
  Etwa 9 Kilometer.
- **Zeit:**
  Etwa 3 Stunden.
- **Höhenunterschied:**
  Etwa 160 Meter.
- **Empfohlene Karte:**
  Freizeitkarte 518, Schwäbisch Hall, Landesvermessungsamt Baden-Württemberg.
- **Einkehrmöglichkeit:**
  Hagerwaldsee.
- **Grillmöglichkeit:**
  Hummelgautsche.
- **Sonstiges:**
  Die Wanderung verläuft auf Naturpfaden und festen Wegen.
- **Für Kinder:**
  Da man in den Seen baden kann, ist es natürlich auch möglich, einen Tag am »Strand« zu verbringen. Ansonsten ist die Strecke zwischen dem Hüttenbühlsee über Hummelgautsche (mit Spielplatz!) und Heinlesmühle bis zur Menzlesmühle für Kinder schön und interessant. Wenn sie die ganze Strecke nicht schaffen, kann man auch an der Straße oberhalb der Heinlesmühle parken und dann nur einen Teil der Strecke wandern und auf demselben Weg zurückkehren. Besonders viel zu sehen gibt es jedes Jahr am Deutschen Mühlentag, an Pfingstmontag. Da haben einige der Mühlen im Schwäbisch-Fränkischen Wald ihre Pforten geöffnet und laden zu einer Besichtigung ein.

Die Menzlesmühle besitzt ein riesiges Mühlrad.

Am Neckar entlang

Von Marbach nach Stuttgart

Marbach – Bad Cannstatt – Stuttgart

Bei dieser Radtour fahren wir einige Stunden entlang des Neckars. Der Fluss ist zwar kanalisiert, bietet aber trotzdem einige schöne Winkel. Auch die Wehre, beispielsweise bei Poppenweiler oder Mühlhausen, sind sehenswerte Bauwerke. Interessant ist auch, den Schiffsverkehr auf dem Neckar zu beobachten. Je nach Laune kann man den einen oder anderen Ort am Fluss besuchen, entweder um einzukehren oder um einen kurzen Stadtrundgang zu machen. Ausklingen könnte der Tag in Cannstatt oder bei einem gemütlichen Hock im Biergarten im Schlossgarten. Wer die Tour in umgekehrter Richtung macht, hat die Möglichkeit, am Ende die Schillerstadt Marbach zu besichtigen. So oder so endet die Tour an einer S-Bahn-Station, man kann also das Fahrrad einfach mitnehmen und zum Ausgangspunkt mit der Bahn zurückkehren oder gleich damit nach Hause fahren.

■ **Ausgangspunkt:**
Marbach am Neckar.

■ **Wegverlauf:**
Wir verlassen den Bahnhof auf der Westseite und können es gleich nach rechts bergab rollen lassen, hier sehen wir auch den ersten Brunnen von vielen, die noch folgen werden. Kurz darauf empfiehlt sich ein Abstecher nach links in die *Marbacher Altstadt,* die so manches sehenswerte Fachwerkhaus aufzuweisen hat, darunter das Geburtshaus des Dichters Friedrich Schiller. Auch das Schiller-Nationalmuseum mit dem Deutschen Literaturarchiv wäre einen Abstecher wert; man sieht diesen schönen klassizistischen Bau später auch vom Radweg aus.

Wir fahren weiterhin abwärts ins Neckartal, überqueren bei einer Ampel die Landstraße und dahinter auf einem Steg den *Neckar.*

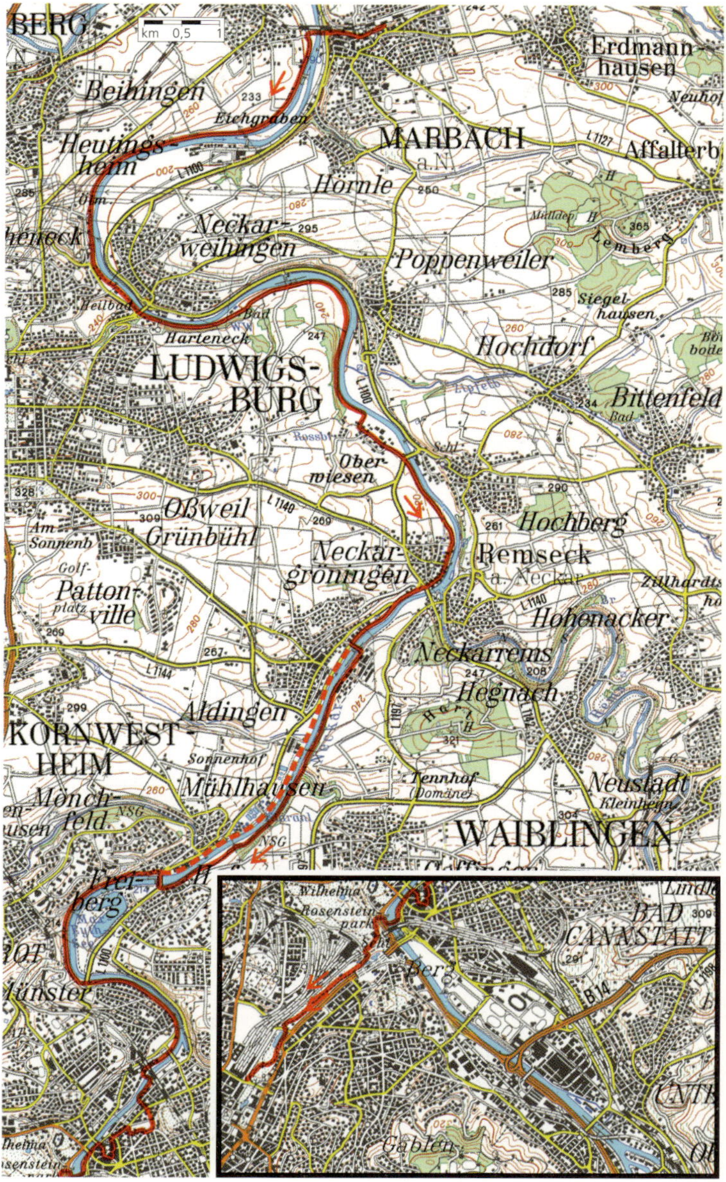
km 0,5 1
BERG
Beihingen
Eichgraben
Heutingsheim
MARBACH
a.N.
Erdmannhausen
Affalterb
Hörnle
Neckarweihingen
Poppenweiler
Lemberg
Siegelhausen
Hochdorf
Harteneck
LUDWIGSBURG
Bittenfeld
Oberwiesen
Oßweil
Grünbühl
Hochberg
Neckargröningen
Remseck
a. Neckar
Pattonville
Hohenacker
Neckarrems
Hegnach
Aldingen
KORNWESTHEIM
Sonnenhof
Mühlhausen
Mönchfeld
Tennhof
(Domäne)
Neustadt
WAIBLINGEN
Freiberg
BAD CANNSTATT
Rosensteinpark
Berg
B 14
Gablen

Woher der **Neckar** seinen Namen hat, ist umstritten. Die beiden Wörter Nixe und Neckar sollen zwar miteinander verwandt sein, beide gehen sie auf das mittelhochdeutsche »nickes« beziehungsweise das mittelniederdeutsche »necker« zurück, was Wassergeist, also ein im Wasser badendes oder plätscherndes Wesen, bedeutet. Andere Forscher sagen allerdings, dass der Name vom keltischen »nigra«, das ist »wildes, heftiges und böses Wasser«, kommt. Hier, im Bereich dieser Radtour, wo der breite Fluss von großen Lastkähnen befahren wird, merkt man davon allerdings nichts mehr.

Insgesamt ist der Neckar 367 Kilometer lang. Er ist einer der größten Nebenflüsse des Rheins. Auf der Baar bei Villingen-Schwenningen im Schwarzwald entspringt er, fließt vorbei an Stuttgart und Heidelberg nach Norden, wo er bei Mannheim in den Rhein mündet. Sein Einzugsgebiet beträgt etwa 13 960 Quadratkilometer.

Von Plochingen bis zur Mündung ist der Neckar über eine Länge von 203 Kilometern schiffbar; zu seinen wichtigsten Häfen gehören Heilbronn und Stuttgart. Früher wurde auf ihm Holz von Flößern stromabwärts transportiert, heute haben die Schiffe Baustoffe oder Kohle geladen. Der Anfang dieser intensiven Nutzung war harmlos: Der Ingenieur und Architekt Heinrich Schickhardt erhielt Ende des 16. Jahrhunderts von Herzog Friedrich I. den Auftrag, »den ganzen Neckherstrom von Cannstatt bis

Bei der Hofener Brücke: Blick über den Neckar auf Freiberg

Steile Weinberghänge am Ufer des Neckars

gen Helbrun« daraufhin zu untersuchen, ob man ihn schiffbar machen könne. Der Neckar dient heute zudem als »Abwasserrinne« oder als Kühlwasserlieferant für das Kernkraftwerk Neckarwestheim und das Kohlekraftwerk Heilbronn.

Der Fluss wird aber auch anders genutzt: als Stromerzeuger, als Freizeitziel, für Sport und Erholung. Ihn umgeben Baggerseen und Altarme, Altwasser und Talwiesen, bewaldete Steilhänge und Reste von naturnahen Auenwäldern. Trotz der Kanalisierung bietet er schöne Landschaftsbilder mit Weinbergen, Wäldern oder auch Burgen, die weit oberhalb seiner Ufer stehen. Beeindruckend sind auch die Muschelkalkfelsen oder die Trockenmauern der Weinberge.

Danach halten wir uns links. Ab nun braucht man keine Wegbeschreibung mehr, denn es geht immer am Fluss entlang, außerdem ist der Weg gut beschildert und es sind genügend andere Radler unterwegs, an denen man sich orientieren kann.

Kurz nachdem wir links oben den hell leuchtenden Bau des Schiller-Nationalmuseums gesehen haben, kommen wir zum *Natur-Reservat Neckarparadies.*

Das **Natur-Reservat Neckarparadies** ist ein langer Kanal, in dem sich Flora und Fauna ungehindert entwickeln dürfen. Die Vögel sind teilweise so an Menschen gewöhnt, dass sie nicht wegfliegen und man sie deshalb gut beobachten kann. Es gibt beispielsweise Grau- und Nachtreiher, Eisvögel, einige Entenarten, Mönchsgrasmücken, Zwergtaucher, Teichrohrsänger, Schilfrohrsänger und Blässhühner. Außerdem leben hier verschiedene Libellenarten und es gibt sogar Bisams. An Fischarten wurden hier schon Karpfen, Aale, Zander, Giebel, Hechte, Welse, Flussbarsche, Rotaugen, Barben, Brachsen und Döbel gesehen. An Pflanzen findet man Froschlöffel, Kuckuckslichtnelken, Blutweiderich, Rohrkolben und Schwertlilien.

Danach windet sich der Fluss teilweise an Kleingärten und Weinbergen vorbei. (Nach Hoheneck gibt es ein Freibad.) Beim *Industriegebiet Oberwiesen* wird man kurzzeitig vom Fluss weggeführt. Etwas später erreicht man bei *Remseck* den Zusammenfluss von Rems und Neckar. Auffallend ist die moderne, glasgedeckte Brücke, die über den Fluss führt. Auch hier behält man die Richtung bei und fährt neben dem Fluss weiter. Ist einem die Tour zu lang, zum Beispiel wenn Kinder mitfahren, kann man sie ab sofort jederzeit an der nächsten S-Bahn-Station abbrechen und in die Stadtbahn einsteigen.

Nun geht's weiter nach *Hofen* – entweder links oder rechts des Flusses. Links kommt man am *Naturschutzgebiet Oeffinger Scillawald* vorbei.

Das **Naturschutzgebiet Oeffinger Scillawald** hat seinen Namen

Bei Hofen: idyllischer Weg entlang des Neckars

von den vielen Blausternen (scilla bifolia), die hier im schattseitigen Laubwald wachsen. Dieser Waldtyp war früher am Neckar und seinen Nebenflüssen weit verbreitet, ist allerdings durch die Umwandlung von Laub- in Nadelwälder weitgehend verschwunden.

Fährt man rechts des Flusses, kommt man zuerst nach *Aldingen*, dann nach *Mühlhausen*. Nun hat man das Stuttgarter Stadtgebiet erreicht. In Mühlhausen ist die Veitskirche ein sehenswertes Bauwerk, technisch Interessierte lesen die Beschreibungen am Zaun des Hauptklärwerkes, an dem man vorbeifährt. Hinter Mühlhausen müssen wir vor dem Wehr aufpassen. Auf der gegenüberliegenden Flussseite sehen wir *Hofen*. Wer sich dort die alte Burganlage ansehen oder dem Rundweg Alt-Hofen folgen will, überquert den Neckar und hält sich gleich danach links in den Ort. Die Burganlage hat man ja bereits kurz vorher vom Damm aus gesehen. Auch wer zu den Freizeitanlagen am May-Eyth-See will, einem 1935 durch Aufstauung des Neckars entstandenen See, muss auf die linke Neckarseite.

Ansonsten hält man sich kurz vor dem Wehr rechts, überquert an der Ampelanlage die Aldinger Straße und biegt nach links ab. Dort, wo die Straße nach links über den Neckar führt, fährt man geradeaus weiter. Bald ist man in der Austraße, die in einem weiten Bogen nach links zieht.

Travertinsäulen bei Cannstatt

Nach dem geologischen Aufschluss »Lösswand« fahren wir nach links unter der Straße hindurch, danach geht es weiter am Fluss entlang. Links sehen wir wieder schöne Weinberganlagen. Nach einer überdachten und arkadenartig abgestützten Galerie kommen wir zum Heizkraftwerk der NWS. Hier fahren wir noch vor der Eisenbahnbrücke nach rechts hinaus zur Neckartalstraße, gehen hinab zur Haltestelle »Münster Viadukt« und überqueren die Straße. Wenn wir etwas nach links fahren, kommen wir zu den mächtigen Travertinsäulen am *Steinbruch Lauster*.

Ein Produkt des Wassers ist auch der als Stuttgarter Sauerwasserkalk bekannte **Travertin.** Sein Name kommt von dem italienischen Wort travertino (früher tiburtino), das sich herleitet aus dem lateinischen lapis tiburtinus, Stein aus Tibur (früherer Name von Tivoli). Auch dort gab es den von den Römern geschätzten Baustein, der aus Ablagerungen von bald dichtem, bald porösem Kalksinter oder Kalktuff an Quellaustritten stammt. Der Name Sauerwasserkalk wurde 1845 geprägt, um ihn von den Süßwassergebilden zu unterscheiden.

Dieser Stein hat eine ähnliche Entstehungsgeschichte wie der im Kapitel über den Uracher Wasserfall (siehe Seite 136 ff. beschriebene Kalktuff; er entstand durch Ausscheidungen gelöster Bestandteile aus dem warmen Mineralwasser und ist in der Cannstatter Gegend entlang des Neckars zwischen Untertürkheim und Münster zu finden. Sein Vorkommen weist darauf hin, dass die Mineralquellen seit mindestens 500 000 Jahren sprudeln.

Im Travertin fand man »versteinerte« Werkzeuge und Reste erlegter Tiere ab der Zeit vor rund 250 000 Jahren. Der Cannstatter Travertin zählt zu den bekanntesten Fossilienfundstätten des Landes, fand man hier doch auch einmal ein großes Knochenlager urweltlicher Tiere.

Travertin ist ein gelb bis braun gefärbter Kalksinter, der oft bankartig vorkommt. Seine Festigkeit kommt daher, dass die Hohlräume und Poren darin mit Kalkzement gefüllt sind. Wie Tuff ist er in frischem Zustand weich und kann gut bearbeitet werden, später härtet er aus und dient als Werk- und Dekorationsstein. Das Vorkommen bei Bad Cannstatt ist eines der größten Europas.

Schön zu sehen ist der Travertin auf dieser Tour am Lauster'schen Steinbruch in der Neckartalstraße gegenüber des Heizkraftwerks der NWS. Die 14 mächtigen, 15 Meter hohen Säulen besitzen jeweils einen Durchmesser von 1,75 Metern und wurden 1939/40 angefertigt. Sie sollten in Berlin ein Bauwerk an einer wichtigen Kreuzung zieren, wurden aber nie abgeholt. »Stein des Führers« wurde der Travertin wegen seiner Verwendung in den repräsentativen Reichsbauten damals genannt – und deshalb nach dem Krieg gemieden. Ein weiteres Kunstwerk aus Travertin ist der Erbsenbrunnen in Bad Cannstatt, den wir im Laufe dieser Tour noch aufsuchen werden. In Stuttgart sieht man den Stein an der Fassade der Staatsgalerie, am Zeppelinbau und am Mittnachtbau, grauer Travertin fand Verwendung an der Fassade des Kunstgebäudes.

Anschließend kehren wir wieder zurück zum Neckar und fahren noch kurz nach rechts, überqueren aber gleich nach der Bahnlinie den Neckar auf dem Voltasteg. Dahinter radeln wir am Fluss entlang nach rechts, bis wir links unten die Hausnummer 52 sehen. Wir fahren hinab und durch die Teinacher Straße zum Königsplatz in *Bad Cannstatt.*

Wer denkt eigentlich daran, dass in den Stuttgarter Stadtteilen **Bad Cannstatt** und Berg die nach Budapest zweitreichsten Mineralwasservorkommen Europas sprudeln? Täglich werden aus 19 Quellen 22 Millionen Liter stark mineralisiertes und teilweise kohlensäurebeladenes Wasser ausgeschüttet. Darüber wunderte sich sogar der herzogliche Leibarzt Dr. Gesner im Jahr 1749, als er sagte: »Es scheint, als hätte die Natur allhier ihren Vorrat an mineralischen Wassern auf einmal ausschütten wollen.« Das Cannstatter Wasser stammt aus dem Oberen Gäu, wo das Regenwasser in das anstehende, etwa achtzig Meter mächtige, geklüftete Kalkgestein einsickert. Für den Weg nach Cannstatt braucht es etwa zehn Jahre.

Von den Quellen besitzen zwölf das Prädikat »Staatlich anerkannte Heilquelle«. Im 19. Jahrhundert war Cannstatt einige Jahrzehnte lang sogar der bedeutendste Kurort des jungen Königreichs. Der Aufstieg begann ab 1900, ab Mitte des Jahrhunderts verlor Cannstatt jedoch wieder seinen europäischen Rang als Badeort. Trotzdem sind noch einige Bauwerke zu sehen, die an die ehemalige Bäderstadt erinnern. Vornehme Gebäude, der Kurpark und der Kursaal erzeugen eine ganz andere Atmosphäre als die verwinkelten Gassen der Altstadt.

Die Cannstatter Quellen waren bereits den Römern bekannt. Sie bauten ein Reiterkastell auf einer Terrasse über dem linken Neckarufer, dem heutigen Hallschlag. Im römischen Cannstatt sind zwei Tempel und ein Mithrasheiligtum nachgewiesen, auf der rechten Neckarseite zwei römische Bäder. Eine erste Nachricht über den mittelalterlichen Badebetrieb stammt von 1377. Bei der Suche nach Salzvorkommen wurde 1772/73 am Sulzerrain der erste artesische Brunnen Deutschlands erbohrt. Zunächst musste dieser allerdings – ganz profan – eine Ölmühle antreiben. Später wurde die Quelle gefasst und es fanden sich die ersten Badegäste ein. Für sie wurden Verbesserungen und Verschönerungen geplant, und König Friedrich I. von Württemberg beauftragte seinen Hofbaumeister Nikolaus Friedrich von Thouret mit der Planung; dies führte 1825–27 zum Bau des Vorgängers des Kursaales, eines mit Stroh gedeckten Pavillons. Unter König Wilhelm I. erfolgte der Ausbau zum internationalen Kurort; 1821 wurde der Brunnenverein gegründet, zusätzlich zu den Badehotels entstanden ab 1829 zahlreiche Heilanstalten. Der Badearzt Dr. Salomo Tritschler schrieb 1823: »Am Brunnen reicht die Zahl der Curgäste an manchem Morgen an die Tausend und Cannstatt ist zugleich Unterhaltungsort geworden.«

Lautenschlägerbrunnen in Bad Cannstatt

Die Mineralquellen wurden anfangs noch von Fabriken genutzt, die mit dem 18 bis 20 Grad warmen – und damit nie gefrierenden – Wasser Wasserräder antrieben.

Links sehen wir das Mineralbad Cannstatt, vor dem ein Wasserspiel steht, rechts den *Lautenschlägerbrunnen*.

Der **Lautenschlägerbrunnen** wurde 1934 von Jakob Clement aus einheimischem Travertin geschaffen. Er besitzt eine achteckige Säule mit einem Laute spielenden Jungen auf einer Kugel, darunter fließt Mineralwasser in einen achteckigen Trog. Ob er seinen Namen von dem Musikinstrument oder vom ehemaligen Oberbürgermeister Lautenschlager hat, ist nicht bekannt.

Nach dem Mineralbad kommen wir zum Kursaal mit dem dahinter liegenden Kurpark, in dem es auch einige Brunnen und Wasserbecken gibt, außerdem verschiedene Bauwerke, die an die großartige Vergangenheit erinnern. Wer möchte, kann noch einen Abstecher dorthin machen. Ansonsten fahren wir am Kursaal vorbei und biegen links der Anlagen nach rechts ab. Nach ein paar Metern sehen wir den mächtigen *Junobrunnen*.

Der **Junobrunnen** wurde 1910 von Emil Kiemlen erbaut. Am Sockel sieht man vier Putten, die auf Delfinen reiten. Sie symbolisieren den Obst-, den Garten- und den Weinbau sowie den Fischfang. Oben auf der Säule steht Juno, die römische Göttin der Ehe. Als Symbol der Schönheit begleitet sie ein Pfau. Der Bildhauer schenkte diesen Brunnen dem Cannstatter Verschönerungsverein anlässlich der Vereinigung Cannstatts mit Stuttgart, der Verein übergab ihn dann an die Stadt.

Wir radeln auf der Wildbader Straße links der Anlagen entlang bis zum Johannes-Kepler-Gymnasium, das wir rechts umfahren. Die Schmidener Straße bringt uns vor das Zentrum Bad Cannstatts, in das wir kommen, wenn wir der Brunnenstraße folgen. Gleich danach geht nach rechts die Kellerbrunnengasse ab, hier steht das *Kellerbrünnele*. Die nächste nach rechts abgehende Gasse ist die Zaisgasse, hier steht der *Schreinereibrunnen*.

Das moderne **Kellerbrünnele** stammt von 1963. Der 1870 geschaffene **Schreinereibrunnen** ist ein rechteckiger Trog aus Gusseisen mit einer runden Säule. Seinen Namen hat er von der benachbarten Gaststätte.

Wir kommen nun zur Rückseite der Kirche, hier sehen wir den *Polizeibrunnen*.

Der **Polizeibrunnen** von 1831 hat seinen Namen von der nahe gelegenen Polizeiwache. Er besteht aus einem rechteckigen, gusseisernen Trog und einer runden Säule aus Schilfsandstein mit zwei Wasserläufen.

Wir fahren die Lammgasse hinab zur Sulzbachgasse, halten uns links und gleich wieder rechts in die Spreuergasse. Sie bringt uns zum *Jakobsbrunnen*.

Der 1834 erbaute **Jakobsbrunnen** besitzt einen lang gestreckten Trog aus Gusseisen mit einer gusseisernen Säule im Stil der Neugotik. Sie besitzt zwei Wasserspender und ein turmartiges Dach. Vorne sieht man das Stadtwappen von Bad Cannstatt und die Jahreszahl 1834 in römischen Ziffern. Der Name des Brunnens stammt von dem Wirt der nahe gelegenen Gaststätte Jakob Christian Boger.

Gleich darauf stoßen wir auf die Marktstraße, der wir nach rechts folgen. Gleich links sehen wir in der Badergasse den *Strohmbrunnen*.

Der **Strohmbrunnen** besteht auf einer alten viereckigen Säule mit zwei Einläufen und einem kleinen, gusseisernen Becken.

Kurz danach kommen wir zum *Erbsenbrunnen*.

Der **Erbsenbrunnen** wurde 1929 vom Bildhauer Professor Fritz von Graevenitz geschaffen. Angeblich stand dafür sein Neffe Modell, der spätere Bundespräsident Richard von Weizsäcker, der diese Geschichte auch anlässlich seiner Ernennung zum Ehrenbürger Stuttgarts erzählte. Graevenitz' Tochter widerspricht jedoch und sagt, das Büble sei ein reines Phantasieprodukt: Weizsäcker sei für einen im Zweiten Weltkrieg zerstörten Brunnen Modell gestanden. Wie dem auch sei, hier steht jedenfalls auf einer Erbse ein kleines Büblein, das einen Krug emporhält. Aus vier Löchern spritzt das Wasser in das Brunnenbecken. Vorgänger war ein eiserner Brunnen; dessen Wasser soll besonders geeignet gewesen sein, Erbsen und andere Hülsenfrüchte zu kochen, da es nicht so eisenhaltig war wie das übrige Cannstatter Wasser. Dazu gibt es den volkstümlichen Vers: »Erbsbüable, nemm dei Krüagle, mach koin Moschtkopf na, das d' Mamma d' Erbsebobbla für dr Vadder koche ka.« Der heutige Brunnen besteht aus Travertin. Da nach dem Krieg ein Besatzungssoldat den Brunnen zerstört hatte, wurde er vom Bildhauer 1948 neu geschaffen.

Wir folgen nun der Marktstraße weiter bis zur Kirche, vor ihr steht der *Brunnen Weinpresse*.

Klösterlebrunnen

Der wie eine **Weinpresse** gestaltete Brunnen stammt von Hans Dieter Bohnet (1991). Er besitzt ein abgestuftes rundes Becken, das an ausgetretene Weinbergtreppen erinnern soll. In der Mitte steht eine Gewindespule aus Bronze, die an eine Weinpresse erinnert. Das Wasser läuft zwischen zwei Mühlsteinen in das Becken.

Kurz danach bringt uns die Marktstraße wieder vor den Neckar. Links vor der Querstraße sehen wir am Thaddäus-Troll-Platz den *Klösterlebrunnen*.

Der 1870 erbaute **Klösterlebrunnen** ist aus Gusseisen und besitzt einen großen, rechteckigen Trog und eine reich verzierte Säule. Dabei befindet sich eine Skulpturengruppe.

Wir überqueren nun die Straße und halten uns dahinter links. Parallel zum Neckar geht es nun weiter. Wir überqueren die Badstraße bei der Rosensteinbrücke etwas nach rechts versetzt, danach geht es durch die Parkanlage weiter bis zum Steg, der nach rechts zum bereits sichtbaren Schloss Rosenstein führt. Links vom Schloss sehen wir in einer kleinen barocken Parkanlage ein kleines Wasserbecken mit einer Skulptur, vor dem Eingang ein großes Bassin mit der *Nymphengruppe*.

Die große Brunnenanlage mit der **Nymphengruppe** wurde 1809 von Johann Heinrich von Dannecker geschaffen. Die eine Nymphe, eine Wiesennymphe, setzt der anderen, einer Quellnymphe, als Dank für das gespendete Wasser einen Kranz auf. Die Gruppe gehört zu den bedeutendsten Kunstwerken Danneckers, das Original aus Sandstein steht heute in Tübingen. Die ursprüngliche Marmorgruppe, die 1922 bis 1924 errichtet wurde und die Sandsteinfiguren ersetzte, wurde 1944 zerstört und 1982 nach einer großen Spendenaktion von der Bildhauerin Doris Schmauder neu geschaffen.

Wir fahren nun hinab zu den Seen; hinter ihnen stehen die *»Berger Sprudler«*.

Die **Berger Sprudler** wurden 1977 von den Professoren Hans Lutz und Max Bächer geschaffen. Sie symbolisieren die reichen Mineralwasservorkommen hier, die unter anderem in den nahe gelegenen Mineralbädern Leuze und Berg genutzt werden. Die Betonkegel sind fünf Meter hoch.

Das **Mineralbad Leuze** geht auf das Jahr 1833 zurück, als der Tuchfabrikant Klotz eine artesische Quelle erbohren ließ – um eine billige Antriebskraft für seine Maschinen zu erhalten! Erst Jahre später wurde die Quelle zu gesundheitlichen Zwecken genutzt. Der Aufschwung kam aber erst 1851, als der Ölbronner Bürgermeister Leuze das Anwesen kaufte. Er wollte eigentlich auswandern, schickte aber seine kranke Frau vorher zur Kur in das damalige Koch'sche Bad. Begeistert von den Heilerfolgen kaufte er die Anlage und baute sie in großem Stil aus. In einem 1874 herausgegebenen »Wegweiser für Fremde« hieß es: »Das Hotel entspricht allen Anforderungen des gebildeten Mittelstandes, aus dem sich weitaus die Mehrzahl seiner Besucher recrutirt. Als eine Eigenthümlichkeit sind zu erwähnen die im Neckarkanal in der Art erbauten Bäder, dass von oben herab ein Regen von Mineralwasser fällt, der zu verschiedenen Formen der Douche verwendet werden kann und je nach Temperatur des Neckarwassers bald als warmer Regen, bald als kalte Begiessung empfunden wird.« 1856 wurde das Bad dann in »Leuze'sches Mineralbad Berg bei Stuttgart« umbenannt. 1919 wurde das Bad an die Stadt verkauft, die Familie Leuze blieb jedoch Pächter. Nachdem der letzte Leuze gestorben war, betrieb die Stadt das Bad in eigener Regie.

Nun fahren wir durch den Unteren Schlossgarten nach rechts. Die Anlagen wurden anlässlich der Bundesgartenschau 1977 geschaffen und erinnern mit den Seen und den Bächlein an eine romantische Wiesenlandschaft. Nach der Überquerung der Cannstatter Straße kommen wir in den Mittleren Schlossgarten mit dem großen See und zahlreichen Wasserbecken und Wasserspielen. Nach dem Planetari-

Wasserspiel im Schlossgarten

um beziehungsweise dem Landespavillon halten wir uns rechts und kommen zur Klettpassage, von wo aus man mit S- oder Stadtbahn zurückfahren kann.

Länge:
Etwa 35 bis 40 Kilometer.

Zeit:
Etwa 3 bis 4 Stunden.

Höhenunterschied:
Unwesentlich.

Empfohlene Karte:
Freizeitkarte 520, Stuttgart, Landesvermessungsamt Baden-Württemberg. 1 : 15 000 Stadtplan Stuttgart.

Einkehrmöglichkeit:
In den Orten unterwegs, außerdem gibt es entlang der Strecke einige Gastwirtschaften.

Grillmöglichkeit:
Am Max-Eyth-See.

Sonstiges:
Die Radtour verläuft auf markierten Radwegen. Ab Bad Cannstatt ist der Schlossgarten bis zum Stuttgarter Bahnhof an schönen Tagen sehr belebt, hier sollte man vorsichtig fahren. Bademöglichkeit im Freibad nach Hoheneck, im Mineralbad Bad Cannstatt, im »Leuze« und im Mineralbad Berg.

Öffentliche Verkehrsmittel:
S-Bahn.

Für Kinder:
Größere Kinder schaffen diese Strecke sicherlich, zumal sie ja kaum Höhenunterschiede hat. Ab Remseck fährt man auch parallel zur Stadtbahn, in die man jederzeit einsteigen kann, in Bad Cannstatt kann man die Tour auch beenden, indem man zum Bahnhof fährt und dort in die S-Bahn einsteigt.

Vom Pfaffensee zur Glemsquelle

Zur Stuttgarter Seenplatte

Schattenring – Bärensee – Glemsquelle – Bärenschlössle – Schattenring

Zu den beliebtesten Ausflugszielen im Stuttgarter Nahbereich gehören die Seen im Rotwildpark, eine richtige Seenplatte. Kinder finden an den Seen und am lustig mäandernden Bernhardsbach genügend Spielmöglichkeiten. Naturfreunde freuen sich über die mächtigen alten Bäumen, richtige Baummethusaleme.

Die Gegend ist insbesondere zwischen Neuem See, Pfaffen- und Bärensee und dem Schloss Solitude vor allem im Herbst, wenn das Laub sich färbt, ein flammender Farbentraum – und das wissen viele. Einsamkeit wird man deshalb vergebens suchen und die Wege sind entsprechend belebt. Aber der Anblick der idyllischen Seen, Tümpel und Weiher sowie der bis zu 450 Jahre alten Bäume, der lichte, fast parkartige Wald entschädigen uns für mangelnde

Einsamkeit. Für Kinder gibt es herrliche Spiel- und Grillplätze, ebenso Bäche, ein Gehege mit Rotwild, es gibt Enten – und ab und zu hüpft ein Frosch ins Wasser oder eine Maus huscht über den Weg. Und wer im Herbst Kastanien sammeln möchte, wird hier natürlich leicht fündig.

- **Ausgangspunkt:**
  Schattenring.

- **Wegverlauf:**
  Autofahrer halten gleich am ersten Parkplatz nach dem Schattenring, wenn sie ihn in Richtung »Magstadt« verlassen. Wer mit dem Bus anreist, steigt an der Haltestelle Schattengrund aus und geht von hier aus hoch zum Neuen See, wo man sich links hält.

  Vom Parkplatz aus wandern wir nach Westen in den Wald und zum *Pfaffensee*. Wir halten uns an das linke Ufer und spazieren bis zum Neuen See; hier sehen wir links auch den Ablaufkanal. Nach dem *Neuen See* folgt der *Bärensee,* an dem wir am südwestlichen Ufer entlangspazieren.

Die Geschichte der **Seen** reicht weit zurück. Angefangen hat es vor einem halben Jahrtausend. Nachdem die geringen Wassermengen der innerstädtischen Quellen und Brunnen für die Stuttgarter Bevölkerung nicht mehr ausreichten, ließ Graf Eberhard im Bart 1490 Wasser aus Kaltental in Holzleitungen zum Alten Schloss in Stuttgart führen. Dieses Wasser fehlte dann allerdings den Mühlen am Nesenbach, deshalb befahl Herzog (man beachte die zwischenzeitliche Rangerhöhung!) Christoph 1566, also keine hundert Jahre später, den von der Glems gespeisten Pfaffensee anzulegen. Vorausgegangen war, dass sich 1564 drei Müller in Kaltental darüber beschwerten, dass sie kein oder zu wenig Wasser bekämen. Untersuchungen brachten zutage, dass die Glems kurz nach ihrem Ursprung im Rotwildpark in ein großes Moor floss. Dieses dämmte man 1565 ab und schuf so den **Pfaffensee**. Durch den über 800 Meter langen Christophstollen wurde dessen Wasser dann über die Heidenklinge dem Nesenbach zugeleitet. Er sollte die Mühlen im Nesenbachtal nachhaltig mit Wasser versorgen. Aber es ging noch weiter: Der **Bärensee** wurde 1618 durch Herzog Johann Friedrich durch Aufstau des Bernhardsbaches, der **Katzenbach-** und der **Steinbachsee** – die allerdings außerhalb des hier beschriebenen Wandergebietes liegen – 1812 durch König (schon wieder eine Beförderung, Napoleon sei Dank!) Friedrich angelegt. Der **Neue See** entstand dann 1826.

Alle Seen dienten der Trinkwasserversorgung und sind miteinander verbunden. Herzog Carl Eugen ließ 1767/68 am Bärensee das »Schlössle« erbauen, dazu ein Bootshaus für prunkvolle Gondeln; die Löwen erinnern noch an die Anlegestation. Aus Venedig hatte sich der Duodezfürst zwei leibhaftige Gondolieri mitgebracht. Seinen Namen hat das Gebäude vom Bärensee beziehungsweise dem früher Bärenbach genannten Bernhardsbach. (Heute ist das Bärenschlössle ein beliebtes Ausflugslokal.) Der Herzog sorgte außerdem dafür, dass fünf Wildparks eingerichtet wurden.

Bei den Seen ließ König Friedrich 1815 zwei riesige, eingezäunte »Thiergärten« anlegen und reich mit Hirschen und Sauen bestücken; damit sollte der schießwütigen Hofgesellschaft die Langeweile vertrieben werden. Man zählte damals 568 Stück Rot- und 138 Stück Damwild.

»Gewöhnliche« Menschen durften den Schwarzwildpark nicht betreten, für den Rotwildpark mussten sie sich eine Eintrittskarte beim Hofjagdamt besorgen und durften dann auf drei Wegen spazieren gehen. Erst nach dem Ersten Weltkrieg wurden der Rot- und der Schwarzwildpark der Öffentlichkeit ganz zugänglich gemacht. 1945 wurden die Tiere von der Besatzungsmacht vollständig abgeschossen und Ende der sechziger Jahre der Tierpark dann neu begründet.

Die Stuttgarter Seen waren schon öfter Gegenstand von Planungen. So waren im 19. Jahrhundert das Wasser und seine Filtration nicht befriedigend, und der von der Albwasserversorgung her bekannte Karl Ehmann plante einen weiteren See auf dem Büsnauer Feld mit einem Fassungsvermögen von 1,75 Millionen Kubikmeter, der aber nicht zur Ausführung kam.

Am Bärensee

Am Ende des Bärensees folgen wir dem Bernhardsbachweg, neben dem der früher Bärenbach genannte Bernhardsbach mäandert. Nach einer kleinen Schutzhütte liegt rechts des Weges eine Wiese mit uralten Bäumen, zu der man einen kurzen Abstecher machen kann. Ansonsten gehen wir im Tal geradeaus weiter. Kurz danach zweigt der mit dem roten Punkt markierte Wanderweg nach links ab. Hier bietet der Bach mit der kleinen Holzbrücke einen idyllischen Anblick. Wir wandern aber auch jetzt geradeaus weiter auf dem nun leicht ansteigenden Forstweg. Er beschreibt etwas später eine scharfe Rechtskurve und bringt uns zu einem als Oktogon mit zwei seitlichen Anbauten errichteten Haus, ein Rest fürstlicher Jagdlustbarkeiten. Wir gehen geradeaus weiter und kommen zu einem Asphaltsträßchen. Wer mit Kindern zu einem schönen Grillplatz oder so schnell wie möglich zum Bärenschlösschen möchte, hält sich hier rechts.

Ansonsten marschieren wir auf der Pappelallee geradeaus weiter. Bald sehen wir rechts den Zaun des Wildgeheges. An seinem Ende, am Waldabteilungsschild »2/9 Glemsquelle«, biegen wir nach rechts ab und kommen zu dem historischen Pavillon, der heute der Fütterung dient, zur *Glemsquelle* mit dem Glemsbrunnen, der mit einem versteinerten Ammoniten verziert ist, und zur Glemsbrunnenhütte. Im Gehege wird Rotwild gehalten.

Die im Wald bei der Solitude entspringende **Glems** ist bis zu ihrer Mündung in die Enz bei Unterriexingen etwa 44 Kilometer lang und fällt auf dieser Strecke 225 Meter. Bis auf wenige Ausnahmen in Ortsbereichen weist der Bach noch natürliche Mäander auf. Nur ein Viertel des Wassers stammt von der Glems selbst, das übrige ist Oberflächen- und Brauchwasser aus Kläranlagen. Von dem Flüsschen hat der Glemswald seinen Namen. Es ist ein rund

Das Bärenschlössle ist ein beliebtes Ausflugsziel.

13 460 Hektar großes zusammenhängendes Waldgebiet zwischen dem Nordwesten Stuttgarts und dem Nordrand des Schönbuchs und seit 1995 das bei weitem größte Landschaftsschutzgebiet im Regierungsbezirk Stuttgart. Laut Verordnung dient der Schutz unter anderem der Erhaltung des Glemswaldes »in seiner Vielfalt, Eigenart und Schönheit mit typischen Bildungen des Keuperberglandes wie Keuperklingen, naturnahen Laubwäldern, bodenfeuchten Wäldern, artenreichen, wärmeliebenden Waldgesellschaften, Altholzbeständen, naturnahen Fließgewässern, Streuobstwiesen, Grünlandflächen und Äckern.« Hier findet man noch Feuersalamander; seltene Vögel wie der Schwarzspecht, die Hohltaube und die Waldohreule sind hier beheimatet. An sonnigen Waldrändern und Waldlichtungen wächst der Speierling, ein seltener Wildobstbaum. Seltene Orchideen sind hier auch zu entdecken, an stillen Tagen und mit etwas Geduld kann man auch Wild beobachten.

Gegenüber des Hauses nehmen wir den mit dem roten Kreuz markierten Königsweg, der uns in wenigen Minuten zum *Bärenschlössle* bringt. Nun gehen wir nach links hinab zu den Seen und halten uns vor ihnen links. Entlang des Neuen Sees, dann des Pfaffensees wandern wir zurück zum Ausgangspunkt. Wer zur Bushaltestelle muss, kann sich überlegen, ob er die Seen noch umrundet oder nach dem Bärenschlössle zwischen den Seen auf die Südseite geht, sich hier links hält und dann gleich zurück zum Schattengrund spaziert.

- **Länge:**
  Etwa 9 Kilometer.

- **Zeit:**
  Etwa 2 Stunden.

- **Höhenunterschied:**
  Etwa 70 Meter.

- **Empfohlene Karte:**
  Freizeitkarte 520, Stuttgart, Landesvermessungsamt Baden-Württemberg.

- **Grillmöglichkeit:**
  Bärenschlössle.

- **Sonstiges:**
  Die Wanderung verläuft auf festen Wegen.

- **Öffentliche Verkehrsmittel:**
  Buslinie 92 bis Haltestelle Schattengrund.

- **Für Kinder:**
  Schaffen Kinder die vollständige Tour nicht, so geht man mit ihnen nur vom Parkplatz, der sich unterhalb des Hotels Schatten befindet, zum Bärenschlössle. Wandert man von dort aus nach Norden in Richtung Solitude, kommt man zu einer schönen Freifläche mit Grillmöglichkeit.

Wilde Natur vor den Toren der Stadt

Vom Heslacher Wasserfall zum Feuersee

Stuttgart-Heslach – Wasserfall – Hasenberg – Gänsepeterbrunnen – Feuersee

Kein Mensch vermutet, dass sich ein so prächtiges Naturschauspiel wie der Heslacher Wasserfall praktisch direkt am Rand der Großstadt befindet und in kurzer Zeit von den Haltestellen der öffentlichen Verkehrsmittel aus zu erreichen ist. Und wer überhaupt nicht wandern möchte, kann direkt oberhalb des Wasserfalls parken. Für Kinder ist diese relativ kurze Tour sicherlich interessant, weist doch der Wasserfall romantisch bemooste Steine auf, über die das Wasser herabrieselt. Das geheimnisvolle Gesicht, das in einen Stein gehauen ist, gibt Rätsel auf. Oder die Kinder können sich am Birkenkopf zwischen den Steinbrocken oder auf den Spielplätzen austoben. Für Erwachsene ist vielleicht die Aussicht, die man vom Birkenkopf oder von verschiedenen Punkten an der Hasenbergsteige aus hat, eher ein zusätzliches »Zuckerl« dieses Ausflugs. Weil die Tour nicht sehr lang ist, eignet sie sich auch gut als Sonntagnachmittagsspaziergang.

■ **Ausgangspunkt:**
Stuttgart-Heslach, Haltestelle Vogelrain.

■ **Wegverlauf:**
Wer nur den Wasserfall besuchen will, fährt am besten vom Schattenring aus in Richtung Heslach und zweigt gleich darauf nach rechts zum Rudolf-Sophien-Stift ab. Kurz vor der Bushaltestelle zweigt nach rechts ein mit einer Schranke abgesperrter Waldweg ab; hier kann man das Auto abstellen, der

Wasserfall befindet sich direkt darunter.

Ansonsten nehmen wir an der *Haltestelle* die Vogelrainstraße, die etwas nach rechts zieht. Nach den Bürogebäuden überqueren wir den Bach auf einer großen Steinbrücke und wandern dahinter mit dem Wanderzeichen blauer Punkt nach links. Der Bach mäandert nun eine Weile lustig neben uns her, immer wieder unterbrochen durch kleine Staustufen. Den Abzweig des mit blauem Punkt gekennzeichneten Weges nach links zu den Kleingärten ignorieren wir und gehen rechts des Baches weiter. An der nächsten Verzweigung, wo es nach links zum »Heidenbrünnele« und rechts zu den »Parkseen« geht, können wir zwar kurz nach links bis zum Wegende gehen, ansonsten nehmen wir den rechten Abzweig. Wir kommen nun mit einem Steilaufschwung und im Zickzack nach rechts hinauf zum Rudolf-Sophien-Stift. Hier gehen wir neben der Straße nach links weiter.

Kurz nach der Eisenbahnbrücke können wir auf einem Pfad nach links hinab zum Ende des *Wasserfalls* steigen, dann folgen wir dem Wasserlauf nach rechts wieder hoch. Interessant sind hier die romantisch bemoosten Steine und der urtümlich anmutende Kopf, der an der Holzbrücke in den Stein gehauen ist. Wer diesen Abstieg wegen des schlechten Weges vermeiden möchte, geht kurz weiter und biegt dann nach der Bushaltestelle nach links in den Waldweg ab. Vor der Schranke liegt links unterhalb der Wasserfall.

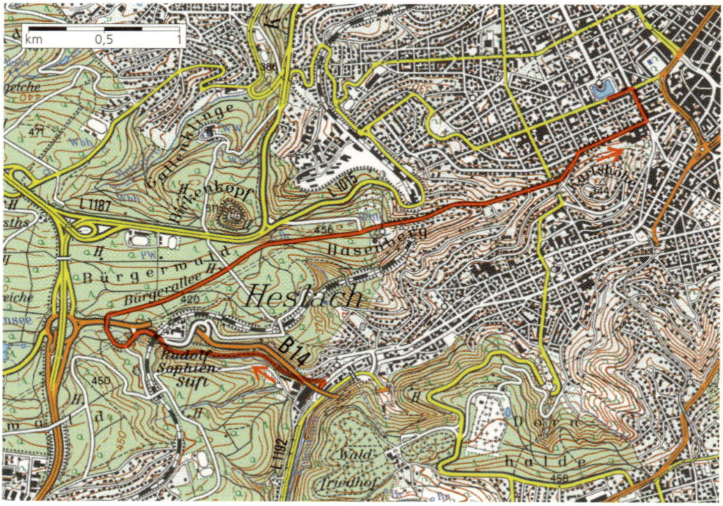

Idylle in Großstadtnähe: der Heslacher Wasserfall

Die Geschichte des **Heslacher Wasserfalls** begann um 1560, als Herzog Christoph das Wasser des Pfaffensees durch den über 800 Meter langen Christophstollen und die Heidenklinge zum Nesenbach leiten ließ. Auch der Bau des Neuen Sees 1833 vermehrte die Wassermenge. In der romantischen Zeit des 19. Jahrhunderts pilgerten die Stuttgarter in Scharen zu den bemoosten Felsbrocken in der steilen Klinge. Die Gefällstrecke beträgt über hundert Meter, wobei das Wasser teilweise über große Felsblöcke hinabstürzt. Insbesondere nach Regenfällen und der Schneeschmelze fließt das Wasser reichlich.

Wer die Wanderung hier schon abbrechen will, geht zur Bushaltestelle und fährt zurück zum Ausgangspunkt. Ansonsten folgen wir dem nach rechts ziehenden Waldweg und überqueren die Schnellstraße, danach biegen wir mit dem Wanderzeichen blauer Strich nach rechts ab in die Bürgerallee. Es geht immer geradeaus, vorbei an der *Bürgerallee-Hütte,* wo wir auch einen Spiel- und Grillplatz finden, bis zum *Sophienbrunnen.*

Der **Sophienbrunnen** wurde 1839 geschaffen und nach Prinzessin Sophie, der Tochter König Wilhelms I. und Katharina, Tochter des russischen Zaren, benannt.

Wer dem auch Montescherbelino genannten *Birkenkopf* einen Besuch abstatten will, geht hier nach links

Wer mag wohl der Urheber dieses Werks sein?

hoch, überquert die Kreuzung und steigt hinauf auf diesen prächtigen Aussichtsberg. Anschließend kehrt man wieder zum *Sophienbrunnen* zurück und folgt dem Weg, nun Hasenbergsteige genannt, weiter. Am Waldende befindet sich ein weiterer Spielplatz. Vor den Kleingärten gehen wir nach rechts zum Hasenbergturm, einem mittlerweile zugemauerten Aussichtsturm, der 1879 vom Verschönerungsverein errichtet wurde. Heute genießt man die Aussicht von der etwas tieferliegenden Plattform. Wir gehen nun links oder rechts der Grünanlage, anschließend geht's auf der Hasenbergsteige weiter abwärts. Unterwegs kommen wir noch an einem weiteren Aussichtspunkt vorbei, der uns einen Blick nach links ermöglicht.

An der nächsten Kreuzung befindet sich eine weitere Grünanlage mit einem Denkmal für den Dichter Johann Georg Fischer (1816–1897); wer möchte, kann etwas unterhalb nach rechts hochsteigen zur Karlshöhe. Ansonsten spazieren wir weiter hinab bis zum *Gänsepeterbrunnen* am Johann-Sebastian-Bach-Platz.

Der **Gänsepeterbrunnen** stellt einen Gänsehirten dar, der gerade seine entlaufenen Gänse einfängt. Diese dienen als Wasserspeier, außerdem kommt das Wasser aus einem weiter unten angebrachten Kopf. Der Brunnen erinnert an die Zeit, als an Martini (11. November) viele Gänse aus den umliegenden Dörfern auf den Markt nach Stutt-

Wasserspeier am Gänsepeter-brunnen

gart getrieben wurden – damals spielten sich solche Szenen wohl öfter ab. Stilgerecht wurde er dann auch an Martini 1901 eingeweiht. Geschaffen haben ihn die Professoren Paul Lauser und Theodor Bausch sowie Hugo Perlargus.

Hier folgen wir der Reinsburgstraße nach rechts bis zur Silberburgstraße. Wir biegen nach links ab bis zur Rotebühlstraße und hier noch einmal nach links. Auf der rechten Straßenseite befindet sich der Feuersee, ursprünglich ein Wasserreservoir der Feuerwehr. Hier steigen wir hinab zur S-Bahn-Station.

Länge:
Etwa 6 ½ Kilometer.

Zeit:
Etwa 2 Stunden (mit Abstecher zum Birkenkopf etwa 3 Stunden).

Höhenunterschied:
Etwa 140 Meter (zum Birkenkopf etwa 70 Meter zusätzlich).

Empfohlene Karte:
Stadtplan Stuttgart, Maßstab 1 : 15 000.

Grillmöglichkeit:
Bürgerallee-Hütte.

Sonstiges:
Die Wanderung verläuft anfangs auf Naturpfaden, später auf festen Wegen. Bei feuchtem Wetter ist am Wasserfall Vorsicht angebracht.

Öffentliche Verkehrsmittel:
Den Ausgangspunkt erreicht man mit den Stadtbahn-Linien 1 und 14 sowie der Buslinie 92, am Ziel halten alle S-Bahn-Linien. Dazwischen hat man zweimal (am Rudolf-Sophien-Stift und am Birkenkopf) die Möglichkeit, in den Bus einzusteigen.

Für Kinder:
Man kann, wie beschrieben, auch nur den Wasserfall aufsuchen.

Das untere Remstal

Naturidylle in Großstadtnähe

Stetten-Beinstein – Waiblingen – Neckarrems

Wer die Rems von ihrem mittleren Teil her kennt, erinnert sich an ein »armes Hascherl« von Fluss, eingezwängt in ein befestigtes Bachbett zwischen Schnellstraße und Industriegelände. Er wird erstaunt sein, wenn er sieht, was derselbe Fluss in seinem Unterlauf, kurz bevor er in den Neckar mündet, an herrlicher Natur bietet. Wir wollen ihn auf seinen letzten Kilometern begleiten. Anfangs erleben wir noch die kanalisierte Rems, beim Bürgerzentrum Waiblingen dann schon renaturierte Wasserläufe. Den schönsten, natürlichsten Teil finden wir dann nach dem Bahnviadukt.

■ **Ausgangspunkt:**
S-Bahn-Haltestelle Stetten-Beinstein.

■ **Wegverlauf:**
Von der S-Bahn-Haltestelle aus gehen wir auf die Nordseite der Gleise und halten uns in Richtung »Beinstein«. An der querenden Landstraße orientieren wir uns links und unterqueren gleich nach rechts die *B 29*. An der Rechtskurve der Landstraße danach nehmen wir den rechts unterhalb parallel verlaufenden Feldweg, gehen gleich nach rechts auf Stufen hinab und folgen dem kleinen Bachlauf. An der nächsten Brücke biegen wir nach links ab und spazieren bis vor die nach Beinstein hineinführende Straße. Wir gehen kurz nach rechts, überqueren die Rems und gehen gleich nach ihr unterhalb der Brücke nach links. Ab nun wandern wir direkt an der *Rems* entlang.

Die **Rems** ist ein Kind der wasserarmen Schwäbischen Alb, denn sie entspringt bei Essingen auf der Ostalb in einer herben, strengen Landschaft mit vielen dunklen, ernsten Wäldern. An ihrer Quelle findet sich ein Schild mit folgender Beschriftung:

An der Rems: Spitzwegidylle in Waiblingen

Rems-Ursprung	
Höhe der Quelle	551 m ü. NN
Höhe der Mündung	203 m ü. NN
Gesamtlänge	80 km
Gesamtgefälle	348 m
Durchschnittsgefälle	4,35 m/km

Wir unterqueren die *B 14,* kommen an Sportplätzen vorbei und unterqueren kurz vor der links liegenden Altstadt von Waiblingen eine Straße. Danach gehen wir nach rechts zum modernen Bürgerzentrum und bei ihm nach links über eine Brücke. Wer die sehenswerte *Waiblinger Altstadt* besichtigen will, geht hier geradeaus weiter in den Ort hinein. Ansonsten halten wir uns gleich rechts, überqueren noch einmal eine Brücke und spazieren kurz darauf nach links zum Beinsteiner Torturm. Links von ihm sollte man den Durchgang an dem Haus beachten, hier kann man ein Stück direkt an der ehemaligen Stadtmauer gehen. Wir spazieren aber nach dem Torturm nach rechts in die Straße Weingärtner Vorstadt. Nach dem Parkplatz und der 1899 erbauten Häckermühle wandern wir mit dem Zeichen rotes Kreuz wieder entlang der Rems.

Die **Häckermühle** betrieb früher unter anderem eine Säge und eine Hanfreibe, außerdem diente sie als Tuchwalkmühle und als Weißgerberwalkmühle. 1829 wurde von ihr geschrieben: »Vier Mahl- und ein Gerbgang mit vier Rädern, zwei Gehilfen; das Werk ist gut eingerichtet und mahlt schnell und gut.« Heute wird hier Strom gewonnen.

Bei einer weiteren Brücke, die nach rechts über den Fluss führt, sollten wir nicht geradeaus entlang des Flusses gehen, sondern das Reitgelände links auf der Straße bis zur Waldmühle umwandern. Nach dem 1866 erbauten Gebäude und vor der Kläranlage geht es wieder an der Rems entlang, nun im Landschaftsschutzgebiet.

Nach der großen Fabrikanlage der Firma Stihl überqueren wir die Rems nach rechts und biegen nach dem Fluss links ab, nun kommen wir zum schönsten Teil dieser Tour, dem Naturschutzgebiet *Unteres Remstal*. Es geht erst entlang ehemaliger Weinbergterrassen des Gebietes Haufler.

Das **untere Remstal** zwischen Waiblingen und der Mündung des Flusses in den Neckar ist ein ökologisch besonders wertvoller Abschnitt. Man sieht in dem bis zu achtzig Meter in den Muschelkalk eingeschnittenen Tal vielfältige Wälder, Gebüsche, Streuobstwiesen und Gärten sowie ehemalige Weinbauterrassen – schließlich galt das Remstal vor rund hundert Jahren als eines »der weinbaureichsten Täler Württembergs«. So wurde im Gebiet Haufler noch bis 1962 Weinbau betrieben.

1987 wurde das Tal als Naturschutzgebiet ausgewiesen. Das Naturschutzgebiet ist 158 Hektar groß, zusammen mit dem Landschafts-

Moderne Brücke bei der Remsmündung

Neckargröningen
Remseck
a. Neckar
Hohen-
acker
Schattenberg
Neckarrems
Remsmühle
Hegnach
Hundsbucket
Tennhof
(Domäne)
Büchenau
Klein-
hegnach
Kostesol
Kreuzkp
Oeffingen
WAIBLINGEN
Schmiden
Feld
Sommer-
rain
Häfner-
äcker
Rommelshausen
Lindle
L 1140
L 1100
L 1197
L 1142
K 1854
K 1910
K 1855
L 1187
L 1193
K 1909
B 14

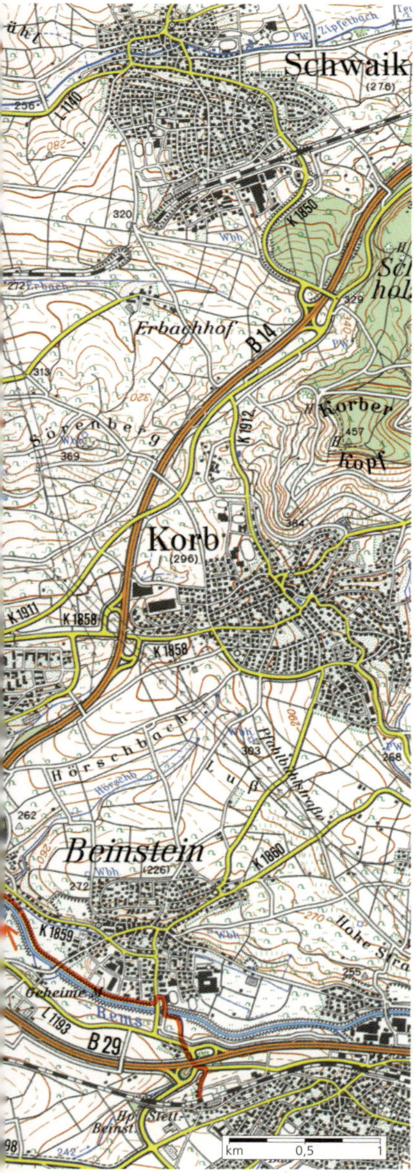

schutzgebiet sind 410 Hektar geschützt. Man hat hier schon einige seltene und gefährdete Vogelarten wie den Eisvogel, den Flussuferläufer, den Neuntöter und die Nachtigall beobachtet, außerdem im Rahmen des Vogelzugs Weißstorch, Wiedehopf, Fischadler, Blaukehlchen und den Großen Brachvogel. Hier brüten sieben Greifvogelarten, darunter gefährdete Arten wie der Rote und der Schwarze Milan und der Wanderfalke; in der Nähe der Vogelmühle sieht man außerdem die Wasseramsel. An Reptilien findet man die Schlingnatter und die Mauereidechse.

Das Tal ist in flache Gleithänge und steile Prallhänge gegliedert, an den nach Süden exponierten Hängen sieht man heute noch zahlreiche Natursteinmauern, die an den einstigen Weinbau erinnern. Diese trocken verlegten Werksteine bieten vielen wärmeliebenden Tieren einen Unterschlupf und auch bei den Pflanzen haben sich ganz spezielle Lebensgemeinschaften entwickelt. So hat man hier schon 17 seltene Arten gezählt, darunter einige Orchideenarten. Botanische Kostbarkeiten sind außerdem der Feste Lerchensporn, der Blaustern, Wunderveilchen, Schwalbenwurz, Wald-Bergminze, Waldwicke, die Kleine Traubenhyazinthe, Pfirsichblättrige Glockenblumen, Weiße Waldvögelein, die Türkenbundlilie oder das Langblättrige Hasenohr; auch im Bereich der ehemaligen Weinbergterrassen haben sich einige typische »Weinbergunkräuter« wie beispielsweise der Wilde Knoblauch, Färberwaid oder Hauswurz erhalten.

Dort, wo heute die Firma Stihl ihre weltberühmten Sägen baut, hat man bis ins 19. Jahrhundert hinein Badekuren verordnet, denn hier wurden 1682, als man die abgebrannte Neustädter Mühle wieder aufbauen wollte, drei Quellen mit Heilwasser angestochen. 1880 war es mit der Badeherrlichkeit dann schon wieder vorbei.

Lichtspiele auf der Rems

Wir folgen dem nun mäandrierenden Flusslauf, vorbei an der auf der linken Flussseite liegenden *Hegnacher Mühle,* bis zur Rems- oder Vogelmühle. Hier sollte man die alten Wasserstandsmarkierungen beachten – man sieht, der heute so ruhig fließende Fluss hatte zu Zeiten schon gewaltige Hochwasser aufzuweisen.

Die **Remsmühle** bei Hohenacker ist seit 1864 als Getreidemühle bekannt. Sie besaß drei Wasserräder. Seit sie in den dreißiger Jahren des 20. Jahrhunderts in den Besitz von Karl Vogel kam, heißt sie auch Vogelmühle. 1986/87 wurde sie renoviert, heute erzeugt sie Strom für rund sechzig Haushalte.

Wir wechseln wieder auf die linke Flussseite und gehen kurz die Straße hoch, bis der Wanderweg nach rechts abzweigt. Durch schöne Auwiesen und -wälder erreichen wir die ersten Häuser von *Neckarrems.* Wir treffen schließlich auf die Straße, bleiben aber nach dem Ortsschild direkt am Fluss. Nach einer Brücke über den Fluss gehen wir auf die erste moderne, glasverkleidete Brücke zu, hinter ihr fließt die Rems in den Neckar. Wir gehen durch die zweite verkleidete Brücke hindurch und biegen nach ihr nach links ab zur Stadtbahnhaltestelle.

Ursprüngliche Natur am Unterlauf der Rems

Länge:
Etwa 14 Kilometer.

Zeit:
Etwa 3 bis 4 Stunden.

Höhenunterschied:
Unwesentlich.

Empfohlene Karte:
Freizeitkarte 520, Stuttgart, Landesvermessungsamt Baden-Württemberg.

Sonstiges:
Die Wanderung verläuft auf festen Wegen, aber auch auf Naturpfaden.

Öffentliche Verkehrsmittel:
Anfahrt: S-Bahn S 2, Rückfahrt: Stadtbahn U 14.

Zum Nachlesen:
Dieter Buck: Ausflugsziel Remstal. Tübingen, 2002. Bezirksstelle für Naturschutz und Landschaftspflege (Hrsg.): Faltblatt Naturschutzgebiet Unteres Remstal. Stuttgart, 2000.

Für Kinder:
Mit Kindern kann man einen Spaziergang, am besten ab Neckarrems, entlang der Rems in Richtung Waiblingen unternehmen. Damit hat man den interessantesten Teil dieser Tour erlebt.

Seenrunde im Welzheimer Wald

Vom Ebnisee zum Aichstrutsee

Welzheim – Laufenmühle – Ebnisee – Kaisersbach – Aichstrutsee – Welzheim

Diese recht kurze Radtour führt in einen der schönsten Teile des Schwäbisch-Fränkischen Waldes und bietet – außer einem Anstieg – genussvolles Radeln durch schönen Wald und über aussichtsreiche Freiflächen. Außerdem hat man die Möglichkeit, sich gleich in zwei Seen abzukühlen. Unterwegs bietet sich Gelegenheit zu einer Rutschpartie auf einer Sommerrodelbahn, oder man kann in einem Freizeitpark eine Pause einlegen. Kulturfreunde können in Welzheim das rekonstruierte römische Kastell besuchen.

Ausgangspunkt:
Welzheim.

Wegverlauf:
Wir starten am Wanderparkplatz am westlichen Ortsausgang von *Welzheim* in Richtung Rudersberg. Die Tour beginnt gleich recht zünftig mit einer rasanten Bergabfahrt bis zur *Laufenmühle*. Vor ihr liegt links der Straße ein Parkplatz, bei ihm besteht Gelegenheit, einen Blick auf den Edenbachwasserfall zu werfen (siehe Seite 84). Einige Meter weiter auf dem Sträßchen kommt man an eine Feuerstelle.

Dann fahren wir noch etwas bergab und biegen bei den Gebäuden der Laufenmühle nach rechts ab. Wir radeln nun, immer leicht ansteigend, durch das recht idyllische *Wieslauftal* bis zum *Ebnisee*. Hier bietet sich ein Aufenthalt an, zumal die »Flotte« von Tretbooten und die Gastronomie locken. Auch lässt sich's gut baden in dem See.

Der so natürlich wirkende **Ebnisee** ist neben dem Schwabenpark »das« Freizeiterlebnis des Schwäbisch-Fränkischen Waldes, wo man baden, Boot fahren, angeln oder grillen kann. Es gibt eine Liegewiese, einen rollstuhlgerechten Zugang und in der Waldschenke einen Wickelraum und eine behindertengerechte Toilette. Parken ist allerdings kostenpflichtig. Für Kinder ist das flach abfallende Nordufer am besten, denn hier können sie unbedenklich plantschen und spielen.

Das dreizehn Hektar große Gewässer wurde einst künstlich angelegt, um das Flößen der Stämme aus dem waldreichen Gebiet zu erleichtern. Erst hat man eine Stauanlage bei der Laufenmühle angelegt, die aber 1741 durch ein »groß Gewässer« weggerissen wurde. Daraufhin wurde bis 1745 bei der Sägmühle Gausbachsweiler eine neue Schließe erstellt, in der sogar Holz aus Gaildorf geflößt wurde. Die Gausbachsweiler protestierten zwar, weil sie ihre althergebrachten Rechte beeinträchtigt sahen, konnten sich jedoch nicht durchsetzen.

Am Ebnisee entdeckt man noch so manche ruhige Ecke.

Der Ebnisee war der größte von mehreren Schwellseen, denn er musste die Wasserversorgung eines 22 Kilometer langen Stücks der Wieslauf sichern und hatte auch den größten Einzugsbereich. Er bedeckt eine Fläche von rund 6,7 Hektar und ist bis zu fünf Meter tief. Im Winter 1745/46 wurde er erstmals aufgestaut. Er half, das Holz des Welzheimer Waldes zu den Abnehmern nach Stuttgart zu bringen, denn durch die Wassermassen konnte man die Wieslauf besser floßbar machen. Man staute das Wasser aus der Schneeschmelze und vom Frühjahr, sammelte möglichst viel Holz und öffnete dann den Abfluss. Innerhalb einer Woche hat man so Tausende von Raummetern Holz auf den Weg zur Rems geschickt, auf ihr wurden sie dann zum königlichen Holzwasen nach Waiblingen verschifft. Im 18. Jahrhundert konnte man mit dem Wasser des Stausees fünf bis sechs Tage lang den Floßbetrieb sichern. Als 1865 die Remstalbahn gebaut wurde, gab man die Flößerei auf und der Grund des Sees war nun Wiese, auf der Heu gemacht wurde. 1884 staute man den See erneut auf.

Heute sind 665 Hektar um den Ebnisee als Landschaftsschutzgebiet ausgewiesen.

Über den Staudamm des Ebnisees führt die Straße zwischen Ebni und Kaisersbach. Der südlich liegende Gausmannsweiler Sägmühlensee ist der ältere Stausee von beiden. Er ist bereits in der Kieserschen Forstkarte von 1680 eingezeichnet, an Stelle des Ebnisees ist damals noch der Bachlauf mit Wiesen verzeichnet. Auf der Flurkarte von 1830 sieht man, dass der Vorläufer des heutigen Sees höher aufgestaut war als der jetzige. Interessanterweise führten damals einige Wege zum See hin und auf der anderen Seite weiter. In der Oberamtsbeschreibung ist darüber zu lesen, dass der See im Sommer als Wiese genutzt und erst im Herbst wieder gefüllt wurde. Hierüber gibt es eine amüsante Geschichte: Der Grasertrag war an zwei Männer, Tobias Strohmaier und Heinrich Ottenbacher, verpachtet. Sie bemerkten einmal, dass das Gras immer wieder gestohlen wurde; also legten sie sich auf

Wasserfreuden am Ebnisee: Hier gibt's Boote aller Art.

die Lauer und erwischten tatsächlich an einem Dienstag vor Pfingsten mitten in der Nacht zwei Frauen, die Gras mähten, und einen Mann, der Wache hielt. Ottenbacher konnte die beiden Frauen erwischen, sie aber wegen der Dunkelheit nicht erkennen. So »züchtigte« er die eine und schnitt der anderen, um sie kenntlich zu machen, einen Zopf ab. Beide Frauen führten aber Klage gegen ihn und er wurde wegen des abgeschnittenen Zopfes zu zwei Gulden, wegen der Züchtigung zu einem Gulden Strafe verurteilt.

Nach dem See wird es etwas anstrengend – wir fahren nach rechts die Straße hoch, behalten auf der Höhe am Kreisverkehr unsere Richtung bei und kommen nach *Kaisersbach*.

An der Verzweigung am Ortsbeginn und kurz danach orientieren wir uns rechts (beides Mal in Richtung »Schwabenpark«). Am Ortsende folgen wir dem Schild »Gewerbegebiet« nach links. Nun radeln wir mit herrlicher Aussicht zur Sommerrodelbahn, rollen geradeaus weiter und biegen nach der Mülldeponie nach links ab. Am *Hof Grairich* fahren wir nach rechts bis *Gebenweiler,* dort nach links aus dem Weiler hinaus und gleich wieder nach rechts. Es geht nun kurz, aber steil bergab, dahinter ebenso wieder hoch nach *Gmeinweiler*. Wer zum Schwabenpark will, muss in den Ort hineinfahren und sich dann rechts halten.

Ansonsten biegen wir vor den Häusern nach rechts ab zur Landstraße, überqueren diese am Sportplatz und kommen dahinter zu einem querenden Weg. Nach links bringt er uns zu einem Gehöft, hier fahren wir nach rechts hinab zum *Aichstrutsee*. Auch hier ist Baden erlaubt.

Der **Aichstruter Stausee** wurde 1959 als Hochwasser-Rückhaltebecken angelegt. Er ist der erste der von der Lein gespeisten Rückhaltebecken. Der See ist bis zu vier Meter tief und kann insgesamt 715 000 Kubikmeter Wasser stauen.

Beim See gibt es eine große Liegewiese samt Grillmöglichkeit, einen Imbissstand, einen Zeltplatz und eine Gaststätte. Dank dem flach abfallenden Ufer und einem gesonderten Bereich für Nichtschwimmer ist das Baden auch für Kinder reizvoll. Wer sich ein wenig die Füße vertreten will, spaziert einfach rund um den See.

Vor dem See radeln wir nach links und am Seeende auf dem Sträßchen etwas bergauf. Nach dem Wäldchen biegen wir nach links ab, an der nächsten Kreuzung nach rechts. Wir überqueren die Landstraße und fahren geradeaus weiter bis zu einer Kreuzung mit Bank. Hier biegen wir nach links ab und sind in wenigen Minuten wieder am Ausgangspunkt. Wer mit dem Rad nach *Welzheim* hineinfahren will, folgt dem Wegweiser Richtung Rudersberg.

Der Aichstrutsee ist ein beliebter Badesee.

Noch herrscht Ruhe: wartende Boote am Ebnisee

Länge:
Etwa 19 Kilometer.

Zeit:
Etwa 2 bis 3 Stunden.

Höhenunterschied:
Etwa 250 Meter.

Empfohlene Karte:
Freizeitkarte 518, Schwäbisch Hall, Landesvermessungsamt Baden-Württemberg.

Einkehrmöglichkeiten:
Ebnisee, Kaisersbach, Aichstrutsee, Welzheim.

Grillmöglichkeiten:
Aichstrutsee; hinter dem Parkplatz Laufenmühle.

Sonstiges:
Zum Baden laden der Ebnisee und der Aichstrutsee; eine etwas andere Art von Vergnügen bieten die Sommerrodelbahn in der Nähe von Kaisersbach und der Schwabenpark in Gmeinweiler. In Welzheim kann man das restaurierte römische Ostkastell im Archäologischen Park ansehen. Hier findet man eine vollständige Rekonstruktion des Westturmes.

Für Kinder:
Mit Kindern plant man am besten einen Badetag an einem der beiden Seen und vielleicht einen Abstecher zum Ostkastell in Welzheim. Auch der Schwabenpark und die Sommerrodelbahn sind beliebte Ziele!

Urwald und Wasserfälle

Durch den Welzheimer Wald

Laufenmühle – Wieslauftal – Klaffenbach – Strümpfelbachtal – Nonnenmühle – Ebni – Schmalenberg – Laufenmühle

Kaum eine andere Gegend des Landes ist so reich an Wasserfällen, wilden, beeindruckenden Klingen und munter sprudelnden Bächlein wie der Naturpark Schwäbisch-Fränkischer Wald. Bei dieser Wanderung folgt ein Wasserfall dem anderen, auch die Wieslaufschlucht bietet herrliche Natur.

- **Ausgangspunkt:**
  Parkplatz bei der Laufenmühle.

- **Wegverlauf:**
  Wir sehen uns zuerst am Ausgangspunkt die beiden Wasserfälle an, hier steht die erste Tafel des Geologischen Lehrpfads Welzheim, weitere werden noch folgen.

Bei den beiden **Wasserfällen an der Laufenmühle** bildet zum einen die **Wieslauf** einen kleinen Fall, der andere kommt vom **Edenbach.** Der Edenbachwasserfall fällt erst fünf Meter in freiem Fall, dann kaskadenartig über eine harte, kalkhaltige Bank des Unteren Stubensandsteins (Fleins) hinab. Das darunter liegende, weichere Gestein wurde ausgespült und die unterspülten Felsbrocken stürzten im Laufe der Zeit ab. So entstand der Kessel in seiner typischen Hufeisenform, in ihm sieht man große Sandsteinbrocken und abgestürzte Bäume. Nach etwa dreißig Metern mündet der Kessel in die Wieslaufschlucht.

Nach den Wasserfällen nehmen wir den Weg, der parallel zur *Wieslauf* mit dem roten Kreuz in Richtung »Klingenmühle Strümpfelbachtal« verläuft. Nach ein paar Minuten zweigen wir nach rechts ab, ein schmaler Fußpfad bringt uns steil hinab ins ungefähr fünfzig Meter tiefer liegende Wieslauftal und zur *Klingenmühle*. Hier sind wir in der »Höll«, ein Name, den wir beim Weiterwandern verstehen werden.

Die 1786 als Mahl- und Sägemühle erbaute **Klingenmühle** liegt geheimnisvoll in einer dunklen Schlucht und ist eine der romantischsten Mühlen im Schwäbisch-Fränkischen Wald. In ihr lebte 1812 bis 1815 der Arzt und Dichter Justinus Kerner, der hier auch das später vertonte und zum Volkslied gewordene Gedicht »Der Wanderer in der Sägemühle« schrieb: »Dort unten in der Mühle saß ich in stiller Ruh, und sah dem Räderspiele und sah den Wassern zu …«

Nach der Klingenmühle kommen wir an einem verfallenen Haus vorbei; hier kann man zum Bach absteigen und sich dem Wasserfall nähern. Nun wandern wir am Bach entlang, mal links, mal rechts von ihm, vorbei an weiteren Wasserfällen und durch eine urwüchsige Landschaft. Später steigt der Weg wieder an.

Die Natur im **Wieslauftal** ist fast urwaldartig: Durch die hohe Luftfeuchtigkeit wächst hier eine ganz eigene Vegetation, ein urtümlicher Schluchtwald, der Vögeln wie dem Zaunkönig, der Wasseramsel und der Gebirgsstelze Lebensraum bietet. Umgestürzte Baumstämme werden nicht entfernt, sondern vermodern langsam, sind von Moosen überzogen und von Baumpilzen bewachsen, denen es hier in der feuchten Atmosphäre besonders gut gefällt. Auch der Feuersalamander lebt hier.

Wild und die volle Konzentration fordernd ist der Weg, meist ein schmaler Pfad. Seitlich gibt es urige Nebenklingen, im Bach liegen Felsbrocken und ab und zu sieht man die Reste eines Hangrutsches.

53 Hektar der tief eingeschnittenen Schlucht wurden zum Bann-

Mächtig stürzt der Edenbachwasserfall in sein Loch.

Klingenmühle an der Wieslauf

wald erklärt; es handelt sich um das bedeutendste Bannwaldgebiet im Buchen-Tannen-Gebiet des Keuperberglandes. Von der Wieslauf- und der Edenbachschlucht sind 42 Hektar als Naturschutzgebiet ausgewiesen.

Schließlich kommen wir auf einem breiteren Forstweg zur Straße, der wir in Gehrichtung bis *Klaffenbach* folgen. Hier biegen wir mit der Landstraße nach rechts ab in Richtung »Althütte«. An der Rechtskurve der Straße führt der mit dem blauen Punkt markierte Weg steil hinauf und trifft oben wieder auf die Straße. Wir folgen ihr noch kurz bis zum Waldrand, hier biegen wir mit dem Zeichen nach rechts in den Mauzenackerweg ein. Er knickt nach einiger Zeit nach links ab und bringt uns ins *Strümpfelbachtal*. Auch hier erwarten uns zahlreiche größere und kleinere Wasserfälle.

Das Naturschutzgebiet **Strümpfelbachtal** umfasst vierzig Hektar. Schützenswert sind die geologischen Aufschlüsse und Felsbildungen, die bemerkenswerten erdgeschichtlichen Erscheinungen und die Pflanzen- und Tiergesellschaften, die hier in der Keuperklinge noch naturnahe Lebensräume haben. Die roten Flecken auf manchen Steinen im Bach stammen von einer der wenigen Rotalgenarten, die im Süßwasser leben.

Besonders eindrucksvoll wirkt das Tal im Frühjahr, wenn der Bach mächtig rauscht und plätschert, oder im Winter, wenn die Wasserfälle zum Teil gefroren sind. Geologisch ist es mit dem Wieslauftal vergleichbar, allerdings ist es nicht ganz so wild.

Später endet der breite Weg und ein schmaler Pfad führt am Bach entlang weiter. Wir kommen an der Lambachpumpe vorbei, die zwischen 1938 und 1960 Althütte mit Wasser versorgt hat. Schließlich erreichen wir die Nonnenmühle. Hier kann man entweder auf dem kurz vor der Gaststätte nach rechts

Einer der vielen Wasserfälle im Strümpfelbachtal

abgehenden Sträßchen hoch zum *Voggenhof* kommen, man kann aber auch den mit rotem Kreuz markierten Weg nehmen, der direkt an der Gaststätte in Richtung »Ebnisee« nach rechts führt. Durch Wald und über Wiesen kommt man ebenfalls zu dieser Ansiedlung, hier geht man auf der Straße nach links. An ihrer Linkskurve weist uns das Zeichen nach rechts. Es geht hinab zum Waldrand, wo wir mit dem Zeichen rechts hoch nach *Ebni* steigen.

Bei den ersten Häusern spazieren wir noch geradeaus weiter bis zur querenden Breitäckerstraße, wo der mit rotem Kreuz markierte Weg nach links weiterführt. Wir biegen aber nach rechts ab, verlassen Ebni und wandern nun über die leicht gewellte Hochfläche durch *Kaltenbronnhof* und *Heppichgehren* bis *Schmalenberg*.

Hier biegen wir vor dem Hofgut nach links ab, nun mit dem blauen Kreuz. Im Wald gehen wir geradeaus hinunter in Richtung »Geldmachersklinge«. Wir überqueren einen Forstweg, der auf der Karte nicht verzeichnet ist, kurz dahinter weist uns das Zeichen nach rechts. Nun wird der Weg etwas abenteuerlich und man sollte bei feuchtem und rutschigem Erdreich aufpassen! Auf Stufen geht es hinab zur *Geldmachersklinge*.

Bei der **Geldmachersklinge** rinnt das Wasser heute zwar nur noch spärlich, aber auch diese Klinge verdankt ihre Entstehung den

Kräften des Wassers. Gleich wie bei den anderen Wasserfällen im Schwäbischen Wald wurde hier das weichere Gestein im Laufe der Zeit weggespült, das härtere Dach blieb stehen.

Zu sehen ist ein mächtiges Felsgebilde (mit kleinem Wasserfall), das als halbrunder Talschluss die Klinge abriegelt, einige Meter daneben liegt eine kleine, eventuell künstlich geschaffene Höhle. Angeblich hat hier ein Falschmünzer sein Handwerk ausgeübt.

Wir wechseln unterhalb des Daches der Felsformation auf die andere Seite und gehen auf ausgesprochen schmalem Pfad an der kleinen Höhle vorbei, danach zieht der Weg rechts der Klinge nach links hinab zu einem Forstweg. Wir folgen dem Zeichen nach links, treffen auf einen anderen Forstweg, der ebenfalls von Schmalenberg kommt, und spazieren auf ihm weiter bergab bis ins *Wieslauftal*. Nach rechts bringt es uns gemütlich zurück zum Ausgangspunkt.

Auch im Winter ein prächtiger Anblick: die Geldmachersklinge

- **Länge:**
  Etwa 13 Kilometer.

- **Zeit:**
  Etwa 3 bis 4 Stunden.

- **Höhenunterschied:**
  Etwa 230 Meter.

- **Empfohlene Karte:**
  Freizeitkarte 518, Schwäbisch Hall, Landesvermessungsamt Baden-Württemberg.

- **Einkehrmöglichkeit:**
  Nonnenmühle.

- **Grillmöglichkeit:**
  Gleich nach dem Parkplatz.

- **Sonstiges:**
  Die Wanderung verläuft auf Naturpfaden und festen Wegen. Nach feuchtem Wetter oder im Winter sollte man an den Steilstellen vorsichtig sein.

- **Für Kinder:**
  Mit Kindern kann man beispielsweise nur das Wieslauftal ab der Klingenmühle erforschen. Auch das Strümpfelbachtal mit seinen Wasserfällen wird interessant sein. Ausgangspunkte könnten dann Klaffenbach oder die Nonnenmühle sein, anschließend kehrt man auf dem gleichen Weg, den man gekommen ist, zurück. Wer mit Kindern zur Geldmachersklinge möchte, steigt von Schmalenberg ab.

Wandern und Baden

Die Plüderhausener Badeseen

Plüderhausen – Königsstein – Waldhausen – Badeseen – Plüderhausen

Bei dieser Wanderung startet man in Plüderhausen, steigt dann empor zum 370 Meter hoch liegenden Königsstein und kann dabei die schöne Aussicht ins Remstal genießen. Hinunter geht es über den Vogelhof nach Waldhausen, und auf dem Rückweg lässt es sich genüsslich an einem der Plüderhausener Badeseen pausieren. Wer Badesachen und Erfrischungen im Auto lassen will, sollte direkt an den Seen parken, dies ist aber gebührenpflichtig! Man kann natürlich auch nur zum Baden herkommen.

- **Ausgangspunkt:**
  Plüderhausen.

- **Wegverlauf:**
  Autofahrer können bei den Sportplätzen zwischen Rems und der Ausfahrt der B 29 parken. Dann geht man über die Rems und dahinter mit dem Wanderzeichen rotes Kreuz in der Ahornstraße geradeaus weiter zum Bahnhof, unterquert die Gleise und behält danach die Richtung bei bis zur Hauptstraße; hier biegt man nach rechts ab, nimmt aber gleich darauf das nach links abgehende Schwarze Wegle. Es geht nun eine Zeit lang, teilweise auf Stufen und mehrere Querstraßen kreuzend, immer geradeaus hinauf bis zur querenden Welzheimer Straße. Hier orientiert man sich kurz links und biegt gleich darauf mit dem Zeichen blauer Punkt nach rechts in die Straße Rotenberg ein. Erst durch das Wohngebiet, dann durch Obstgärten und mit prächtigem Blick auf Plüderhausen wandert man bis zu einem Sportplatz; ihn links liegen lassend erreicht man einen Wanderparkplatz.

  Wir biegen nach links ab und spazieren durch den Wald, bis der

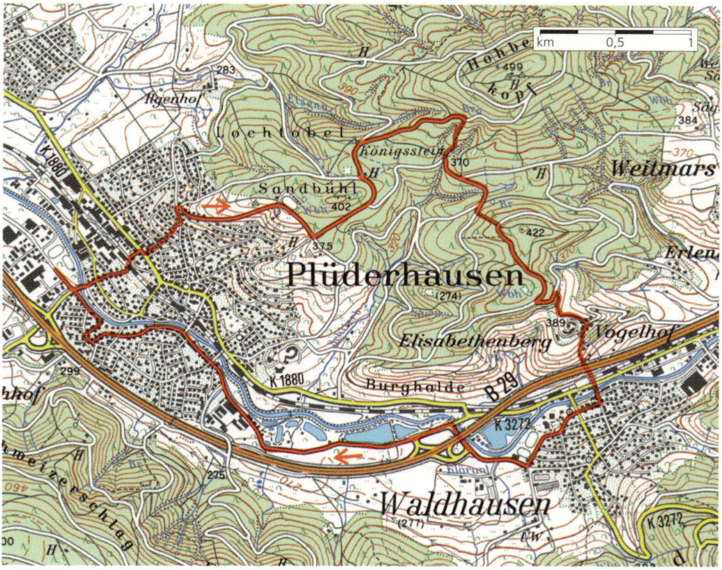

mit blauem Punkt markierte Weg nach rechts abgeht. Hier müssen wir uns entscheiden. Kürzer wäre es, hier nach rechts zu gehen, historisch Interessierte wandern aber mit dem Zeichen roter Punkt noch weiter bis zum *Königsstein,* der zu Ehren König Wilhelms I. errichtet wurde. Hier hält man sich an der Verzweigung rechts und marschiert leicht ansteigend weiter mit dem roten Punkt, bis zwischen zwei Bacheinschnitten ein mit dem Zeichen blauer Strich markierter Pfad nach rechts abgeht. Er bringt uns hinab zu dem mit blauem Punkt markierten Weg.

Wir halten uns links, kurz danach an der Verzweigung nehmen wir mit dem Zeichen blauer Strich den rechten Weg. An der nächsten Verzweigung bleiben wir links, etwas später steigen wir mit dem Zeichen nach links auf Pfadspuren steil hinauf zu einem Forstweg, in den wir nach rechts einbiegen. Nach einer Rechtskurve orientieren wir uns nach links in den Sudetenweg in Richtung »Waldhausen«. Etwas später biegen wir nach rechts ab und gehen, vorbei an dem Hügel *Elisabethenberg,* auf dem sich eine Niederlassung der Diakonie Stetten befindet, zu der Ansiedlung *Vogelhof.* Wo inmitten der Häuser die Durchgangsstraße nach links abknickt, folgen wir dem Zeichen nach rechts. Teils auf einem Wiesenweg, teils auf Stufen steigen wir hinab zur B 29, unterqueren sie und halten uns dahinter rechts.

An der Bahnstation unterqueren wir die Gleise nach links, überqueren die Rems und biegen dahinter nach rechts in die Johannes-von-Hieber-Straße ein.

Die Richtung beibehaltend gehen wir nach der nächsten Querstraße in der Reinhold-Maier-Straße weiter, vorbei an der Kirche und dem evangelischen Gemeindezentrum, danach ignorieren wir den nach links abknickenden, mit blauem Strich gekennzeichneten Weg und spazieren links an der Remstalhalle vorbei weiter.

Nach den Sportplätzen biegen wir nach rechts ab. Wir unterqueren die Bundesstraße und halten uns danach links. Nun kommen wir an den verschiedenen *Seen* vorbei und können eine wohlverdiente Pause am Wasser einlegen.

Die **Badeseen** bei Plüderhausen zählen an warmen Sommertagen zu den beliebtesten Ausflugszielen im Remstal, bis zu 5000 Besucher tummeln sich dann hier. Die Wasserfläche ist 3,72 Hektar groß, und die Seen besitzen, da es sich um frühere Baggerseen handelt, steile Ufer. Es gibt einige Badestege, ein Kinderbecken, eine schwimmende Rettungsinsel, einen Kiosk und ein WC.

Auch an kühleren Tagen sind die idyllischen, mit Schilf umstandenen Gewässer ein schöner Anblick.

Der Fischereiverein Plüderhausen hat ab dem Alten Rathaus den ersten Flusslehrpfad im Rems-Murr-Kreis eingerichtet; er führt in Richtung Badeseen und zeigt auf zahlreichen Tafeln, was es an heimischen Fischarten gibt, die allerdings nicht alle in der Rems zu finden sind.

Die Plüderhausener Seen teilen sich Angler und Badegäste.

Zurück gehen wir immer links der Rems nach *Plüderhausen* hinein. Wir wandern immer geradeaus – rechts sehen wir verschiedene Fachwerkhäuser –, bis die Lerchenstraße nach rechts von der Mühlstraße abgeht. Sie bringt uns direkt vor die Rems, hier halten wir uns links und kommen kurz darauf zu der Brücke, hinter der die Sportplätze liegen. Wer mit der Bahn gekommen ist, biegt nach rechts ab und geht immer geradeaus zurück zum Bahnhof.

- **Länge:**
  Etwa 9 bis 10 Kilometer.

- **Zeit:**
  Etwa 3 Stunden.

- **Höhenunterschied:**
  Etwa 150 Meter, bei der Variante über den Königsstein sollte man zusätzlich etwa 70 Meter einkalkulieren.

- **Empfohlene Karte:**
  Freizeitkarte 521, Göppingen, Landesvermessungsamt Baden-Württemberg.

- **Einkehrmöglichkeit:**
  Plüderhausen.

- **Sonstiges:**
  Die Wanderung verläuft auf Forstwegen, gelegentlich auch auf Naturpfaden, teilweise auch auf Sträßchen.

Unberührte Natur an den Plüderhausener Seen

- **Öffentliche Verkehrsmittel:**
  Bahn.

- **Für Kinder:**
  Ist diese Wanderung für die Kinder zu lang, so kann man einfach auch einen Tag am See verbringen.

Auf den Höhen des Schwarzwaldes

Wildsee und Hohlohsee

Schöne Tour!

Kaltenbronn – Hohlohturm – Hohlohsee – Kaltenbronn – Wildsee – Kaltenbronn

Haus Westenblick, Paul Hagmeier
Hohenlohestr. 13 07081-8756
fax 384263

Zu den schönsten Moorgebieten und Moorseen des Landes gehören sicherlich der Wildsee und der Hohlohsee auf dem Kaltenbronn im nördlichen Schwarzwald. Auch wenn 1822 in der Zeitschrift »Geographie und Statistik von Wirtemberg« von einem »wilden See in einer scheußlichen Gegend« gesprochen wurde. Die Wanderung besteht aus zwei Teilen; man kann sich also mit Kindern problemlos auch nur einen Teil davon vornehmen.

■ **Ausgangspunkt:**
Kaltenbronn.

■ **Wegverlauf:**
Wir parken westlich der wenigen Häuser von *Kaltenbronn*. Unsere Wanderung führt uns zunächst zum Hohlohsee. Dazu nehmen wir den am Parkplatz nach Norden abgehenden Pfad entlang des Grabens in Richtung »Schwarzmisssattel«, der mit der blauen Raute markiert ist. Wir queren die Landstraße und treffen etwas später wieder auf sie. An ihr entlang gehen wir zum nächsten Parkplatz, wo wir mit der roten Raute nach links abbiegen. Es geht nun geradeaus auf den bereits sichtbaren *Hohlohturm* zu.

Der **Hohlohturm** wurde 1897 erbaut. Der Turm ist heute – nach verschiedenen Umbauten – 28,6 Meter hoch und bietet einen herrlichen Blick über den Schwarzwald, hinab ins Rheintal und zu den Vogesen.

Am Turm biegen wir nach links ab und spazieren bald auf einem Bohlenweg zum Großen Hohlohsee.

Das **Hohlohmoor** ist 36 Hektar groß, der See steht seit 1940 unter Naturschutz. Sein Name weist auf seine Geschichte hin, denn Loh (Flamme) bedeutet, dass man einst versuchte, die moorigen Flächen durch Brandrodung urbar zu machen.

Die Gegend um Kaltenbronn wurde im 19. Jahrhundert weitgehend abgeholzt, der Hohlohsee diente als Holzlager und wurde dazu 1807 extra vertieft. Die baumlosen Gebiete wurden dann als Viehweide genutzt. Gleichzeitig versuchte man auch den Torf wirtschaftlich zu nutzen; dieses Vorhaben wurde aber wieder aufgegeben.

Die beiden Moore, das Hohlohmoor und das Wildseemoor, entstanden in der letzten Eiszeit, als in abflusslosen Senken – der Untergrund hier besteht aus wasserundurchlässigem Buntsandstein – eine Versumpfung stattfand.

Da es in dieser Gegend relativ viele Niederschläge gibt und die mittlere Jahrestemperatur nur rund 6° Celsius beträgt, wachsen hier vor allem Torfmoose und Sauergräser. Ihre absterbenden Teile wandeln sich unter Luftabschluss zu Torf um. Da die lebenden Teile der Vegetation immer oben liegen, wachsen die Moore zunehmend in die Höhe und die Pflanzen verlieren den Kontakt zum Untergrund mit seinen Nährstoffen. Deshalb können nur solche Pflanzen überdauern, die ihre Nahrung ausschließlich aus Niederschlägen beziehen. So findet man

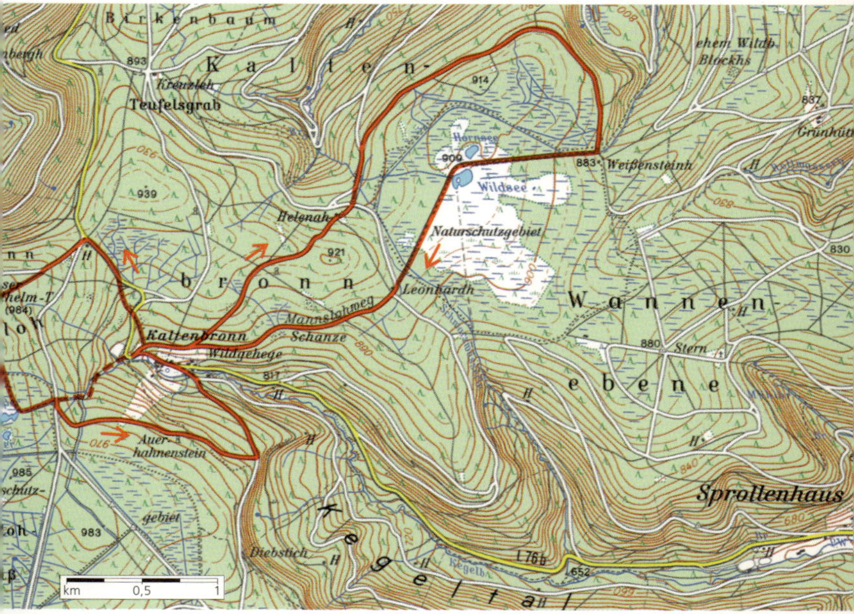

Am Hohlohsee findet man große Wollgrasbestände.

Wollgräser, Torfmoose, den Fleisch fressenden Sonnentau und einige Zwergsträucher.

In seiner Mitte ist das Moor wie ein Uhrglas hochgewölbt, da es hier am schnellsten wächst: An den Rändern eines Moores fließt das Wasser seitlich leichter ab, während es sich in der Mitte etwas ansammelt, was gleichzeitig dazu führt, dass die in der Mitte angesiedelten Pflanzen etwas schneller wachsen als die am Rand.

Wegen des sauren Wassers leben in den Seen weder Fische noch Amphibien. Aber dafür gibt es hier in der Gegend Schlangen, unter anderem die Kreuzotter und die so genannte Höllenotter, eine schwarze Variante der Kreuzotter. Übrigens ist der Biss einer Kreuzotter für Erwachsene kaum jemals tödlich. Trotzdem sollte man geschlossene Schuhe und lange Hosen anziehen. Harmloser und bei Kindern beliebter sind die Eidechsen, die man hier ebenfalls sehen kann.

Nachdem der Weg nach links abgeknickt ist, enden auch die Holzbohlen. Am querenden Forstweg kurz danach können wir uns entscheiden. Wer schnell zurück will, vielleicht weil er Kinder dabei hat, geht hier geradeaus steil bergab und ist kurz darauf wieder am Parkplatz. Etwas länger ist der Weg, wenn man nach rechts abbiegt. Wir kommen am Skihang vorbei, etwa 300 Meter danach geht nach rechts ein Grasweg ab. Wenn wir ihn etwa fünfzig Meter hochgehen und dann den Pfadspuren nach links folgen, kommen wir zum Auerhahnstein.

Der **Auerhahnstein** erinnert daran, dass Carl Friedrich Großherzog von Baden hier im Jahr 1797 drei Auerhähne geschossen hat.

Zurück auf dem Forstweg folgen wir ihm nach rechts bis zu einem querenden Forstweg, der uns mit der roten Raute nach links hinab nach *Kaltenbronn* bringt. Auf der Straße gehen wir nach links hoch zum Ausgangspunkt.

Nun beginnt der zweite Teil unserer Tour. Wir folgen jetzt am *Parkplatz* dem nach rechts führenden Forstweg, der mit der roten Raute markiert ist. Rechts unten sehen wir die Häuser von Kaltenbronn. Am Ende der Lichtung verzweigt es sich, der direkte Weg zum Wildsee ginge geradeaus weiter, wir biegen aber mit der roten Raute nach links ab. Nun steigt es etwas an. Nach einer Hütte gehen wir mit dem Wanderzeichen immer geradeaus weiter, queren einen Weg und gehen kurz unbefestigt etwas abwärts bis zum nächsten Schotterweg. Er beschreibt einen großen Rechtsbogen um das Naturschutzgebiet, steigt allmählich an und führt wieder nach Süden. Kurz nachdem der Carl-Postweiler-Weg (blaue Raute) nach links abgezweigt ist, werden wir zum »Wildsee« nach rechts verwiesen. Wir marschieren nun auf dem Bohlenweg durch das Hochmoor.

Das **Wildseemoor** ist das älteste Naturschutzgebiet des Landes (seit 1927/1928) und mit einer Größe von 181 Hektar sogar das größte Hochmoorkolk Deutschlands.

Um das Wildseemoor wächst der »Bannwald am Kaltenbronn«. An den Seen und am Bohlenweg sieht man vor allem Birken, am Rand einen Bergmoorkiefernwald (Latschen); außerdem findet man überall Heidelbeersträucher.

Mitten im Naturschutzgebiet liegt rechts des Weges der Hornsee, den man allerdings kaum sieht, danach

Der Weg entlang der Seen führt über Holzbohlen.

Nordische Impressionen: am Wildsee

links der *Wildsee*, zu dem ein Abzweig führt. Am Ende des Bohlenwegs behalten wir unsere Richtung bei und gehen links an der kleinen Schutzhütte vorbei. Kurz danach kommen wir zur *Mannsloh Redoute*, einem Teil einer Befestigungsanlage aus der Zeit des Spanischen Erbfolgekriegs (1701–04). Kurz danach kommen wir wieder zum Parkplatz.

Länge:
Hohlohsee etwa 5,5 Kilometer; Wildsee etwa 8,5 Kilometer.

Zeit:
Hohlohsee etwa 1½ Stunden; Wildsee etwa 2 bis 3 Stunden.

Höhenunterschied:
Hohlohsee etwa 280 Meter; Wildsee etwa 100 Meter.

Empfohlene Karte:
Blatt 3, Bad Wildbad – Freudenstadt, Landesvermessungsamt Baden-Württemberg.

Einkehrmöglichkeit:
Kaltenbronn.

Sonstiges:
Die Wanderung verläuft auf Naturpfaden, festen und Bohlenwegen.

Für Kinder:
Kinder mögen Moore, und auch die Seen werden ihnen gefallen. Sieht man doch ab und zu einen Schmetterling flattern oder, wenn nicht allzu viel los ist, eine Eidechse, die sich sonnt. Allerdings muss man ihnen rechtzeitig erklären, dass man nicht direkt an die Seen kommt.

Der Hohlohsee ist vielleicht weniger interessant für sie, dafür gibt es hier einen Aussichtsturm; die Strecke ist außerdem kürzer und kann dazu noch abgekürzt werden. Wer mit Kindern auf dem kürzesten Weg zum Wildsee möchte, zweigt gleich nach dem Parkplatz nicht nach links ab, sondern geht wie bezeichnet geradeaus weiter. Der Weg beträgt dann hin und zurück etwa 5 Kilometer. Die Forstwege sind auch für Kinderwägen geeignet, allerdings nicht auf der Strecke zwischen den beiden Parkplätzen. Wer mit Kinderwagen zum Hohlohturm und -see möchte, parkt deshalb am besten am Parkplatz Schwarzmisssattel und kehrt auf demselben Weg zurück. Auf beiden Teilstücken führt durch das Moor ein Bohlenweg, der bis auf kurze Stücke mit längs liegenden Holzbohlen bestückt ist.

Nasse Füße sind fast vorprogrammiert

Durch das Monbachtal

Bibelheim – Dachsbauhütte – Unterhaugstett – Monakam – Monbachtal – Bibelheim

Der Weg durch die Monbachschlucht ist nicht ungefährlich. Er sollte nur mit geeignetem Schuhwerk begangen werden.« Und: »Wegen Hochwasser und Erdrutsch zeitweise nicht durchgehend begehbar.« So begrüßt der Schwarzwaldverein die Besucher dieser wilden Waldschlucht. Aber keine Angst, abgestürzt oder ertrunken ist noch niemand. Etwas Vorsicht an den Trittsteinen ist aber dennoch angebracht. Der Weg führt durch die Schlucht, teilweise dicht am Wasser entlang. Die Steine können also glitschig sein, feucht sowieso, und wer nicht trittsicher ist, der hat schnell nasse Füße. Teilweise klettert man über große Steinbrocken oder umgestürzte Baumstämme, es gibt auch kurze Stücke, an denen man die Hände zu Hilfe nehmen muss. Und an einer Stelle gibt es kaum mehr Platz für den Weg, hier geht man auf einem Steinband direkt am Fels entlang. Aber gerade deshalb macht der Weg so Spaß.

■ **Ausgangspunkt:**
Parkplatz beim Bibelheim, Monbachtal.

■ **Wegverlauf:**
Nördlich von Bad Liebenzell liegt an der B 463 das *Bibelheim,* hier beginnt das Monbachtal. Wir zweigen von der Bundesstraße ab, unterqueren sie nach rechts und halten uns vor der Anlage des Bibelheimes noch einmal rechts. Kurz darauf, beim Bahnwärterhäuschen, befindet sich links ein Parkplatz.

Normalerweise beginnt man Wanderungen durch das Monbachtal mit einer Durchquerung des Tales, wir wollen es jedoch einmal andersrum machen und uns das Tal als Belohnung und »Zuckerl« nach ei-

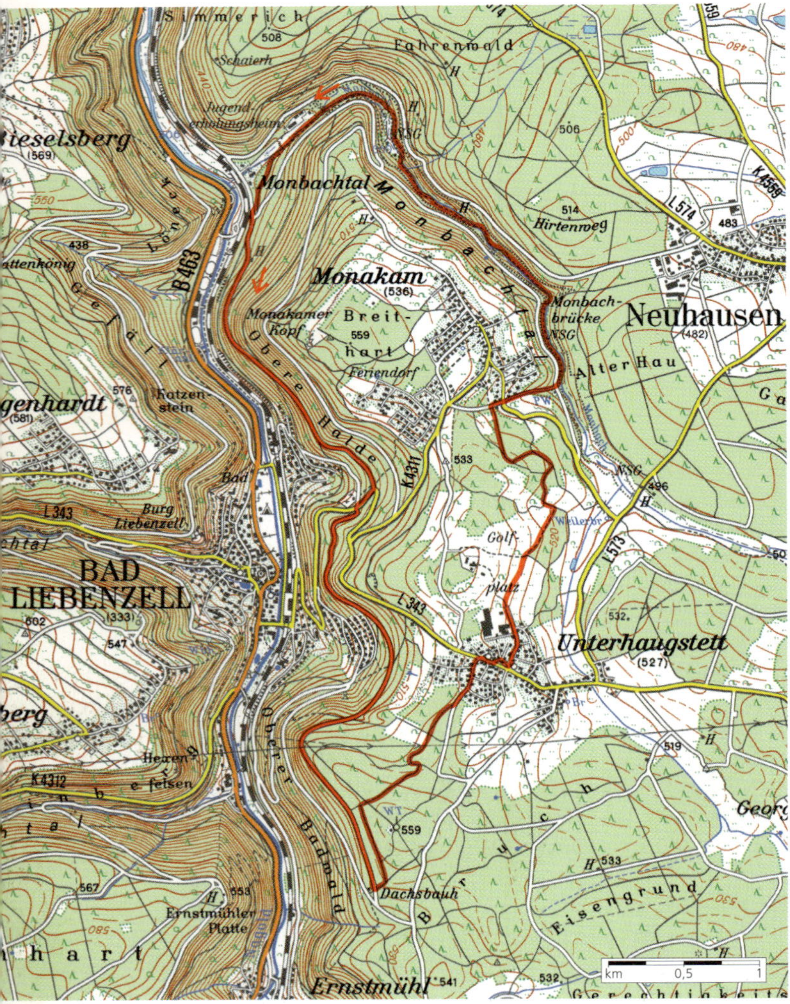

ner längeren Wanderung aufheben; so hat man ein Ziel, auf das man sich freuen kann. Wer aber mit Kindern nur in die Schlucht will, folgt hier einfach den Wanderzeichen.

Wir nehmen den mit der schwarzroten Raute markierten Weg, der am Bahnwärterhaus parallel zur Bahnlinie verläuft, und gehen nach Süden in Richtung Bad

Liebenzell. Gleich danach an der Verzweigung biegen wir in den Frohnwasen-Weg ein, der ohne Zeichen nach links führt. Immer sanft ansteigend erreichen wir nach einiger Zeit die Landstraße, vor ihr führt nach rechts ein Pfad hinab zum Waldfriedhof. Hier überqueren wir die Straße und gehen dahinter weiter nach Süden in Richtung »Dachsbauhütte«.

Nach rund drei Kilometern nehmen wir den nach links abgehenden Weg, der mit der gelbblauen Raute markiert ist. Rechts unterhalb des Weges steht die *Dachsbauhütte,* vor der laut amtlicher Karte auch gegrillt werden darf. Der Weg zieht gleich darauf nach links und geht in einen Pfad über. Beachten sollten wir den alten Grenzstein von 1559, an dem wir vorbeikommen. Nach etwa 600 Metern biegt der Weg im rechten Winkel nach rechts ab. Wir gehen bis zu einem befestigten Forstweg, in den wir nach links einbiegen. Er beschreibt eine Rechtskurve und bringt uns nach *Unterhaugstett.*

Wir folgen bei den ersten Häusern der Straße in Gehrichtung bis zur Durchgangsstraße, auf ihrer anderen Seite halten wir uns rechts. Nach der Kirche biegen wir nach links in die Hermann-Hesse-Straße ein. Kurz darauf orientieren wir uns vor der kleinen Kirche der Liebenzeller Mission nach links in die Theodor-Heuss-Straße und verlassen auf ihr den Ort.

Mächtige Felsen und wilde Wasser im Monbachtal

Der Monbach ist von interessanter Schluchtwaldvegetation umgeben.

Am *Golfplatz* danach muss man gut darauf achten, dass man das Zeichen nicht verliert. Falls doch, spaziert man durch das Gelände hindurch zum Clubhaus und zum rechts von ihm liegenden kleinen Pavillon. Vor ihm gehen wir nach rechts hinab zum Waldrand und hier nach links, am Wald entlang. An der Waldecke, wo wir wieder ein Zeichen sehen, biegen wir nach links ab zu dem Schild, auf dem die Wanderwege durch den Golfplatz erklärt sind. Hier orientieren wir uns rechts und wandern durch das Wäldchen.

An einem Querweg biegen wir nach links ab und kommen zu einer Wegspinne, hier halten wir uns mit dem Wanderzeichen links. Kurz darauf werden wir nach rechts verwiesen. Auf einem Pfad spazieren wir bis zu den ersten Häusern von *Monakam*. Hier gehen wir auf dem querenden Weg nach rechts hinab, überqueren die Zufahrtsstraße zu diesem Ortsteil und kommen danach in den Wald. Etwas bergab erreichen wir einen Wasserbehälter, hier folgen wir der Beschilderung zum *Monbachtal* nach links. Gleich darauf weist uns das Zeichen nach rechts hinab in Richtung »Monbachbrücke«. Ab nun geht es am Bach entlang, teilweise direkt am Wasser und auf Trittstufen.

Das **Monbachtal** gehört zu den letzten Tälern im nördlichen Schwarzwald, das noch in recht ursprünglichem Zustand erhalten ist. Die wildromantische, rund 4,2 Kilometer lange Schlucht ist von großen Felsbrocken durchsetzt. Diese stammen aus dem Oberen Buntsandstein und stürzten in die Schlucht, als der Untere Buntsandstein im Laufe der Zeit ausgespült wurde.

Man findet eine besondere, artenreiche Schluchtvegetation, die in ihrer Umgebung einzigartig ist: Erlen- und Schluchtwälder, Quell- und Hochstaudenfluren und an den ständig feuchten Felsen verschiedene Moosarten. An Pflanzen ist der Gelbe Fingerhut besonders zu erwähnen, bei den Tieren der Feuersalamander.

1888 wurde die vorher unpassierbare Schlucht durch den Verschönerungsverein Liebenzell erstmals erschlossen, 1901 ein weiteres Mal durch den Schwarzwaldverein; 1914 wurden die Weganlagen durch einen Wolkenbruch zerstört, im selben Jahr aber wieder aufgebaut. 1932/33 hat man eine Staumauer zur Regelung des Hochwassers erbaut. 1988 wurde das Tal unter Natur- und Landschaftsschutz gestellt. An der Einmündung in die Nagold liegt der 1992 sanierte Flößersteg mit der Nonnenwag-Wasserstube.

Auch nach der *Monbachbrücke* behalten wir unsere Richtung bei. Nach etwa drei Kilometern erreichen wir wieder den Ausgangspunkt.

Im Monbachtal

- **Länge:**
  Etwa 13 Kilometer.

- **Zeit:**
  Etwa 4 Stunden.

- **Höhenunterschied:**
  Etwa 650 Meter.

- **Empfohlene Karte:**
  Blatt 1, Karlsruhe – Pforzheim, Landesvermessungsamt Baden-Württemberg.

- **Einkehrmöglichkeit:**
  Bibelheim, Di bis So 13 bis 17 Uhr.

- **Grillmöglichkeit:**
  Monbachtal, Dachsbauhütte.

- **Sonstiges:**
  Die Wanderung verläuft auf Naturpfaden, festen Wegen und teilweise auf Trittsteinen am Wasser.

- **Für Kinder:**
  Besonders Kinder werden ihre helle Freude an dieser Schlucht haben. Kluge Eltern haben schon trockene Ersatzkleidung und -schuhe eingepackt, man wird sie brauchen! Wenn man mit den Kindern nicht die ganze Tour begehen kann, sollte man zumindest ein Stück des Tals erkunden und anschließend wieder zurückgehen. Es wird sicherlich ein bleibendes Erlebnis.

Es rauscht, blubbert und tobt

Wasserfälle im Schweinbachtal

Hirsau – Schweinbachtal – Altburg – Hirsau

Von Hir-»Sau« zum »Schwein«-Bach! Kinder haben für Wortspiele einen Sinn, und so kann man sie gleich zu Beginn auf diese Tour einstimmen. Im Schwarzwald gibt es ja einige Bäche, die über bemooste Steine gluckern und blubbern und eine märchenhafte Szenerie bieten, und der Schweinbach ist einer davon. Unterwegs lockt das Bauernhausmuseum zu einem Besuch. Nach der Wanderung kann man sich die Klosterruine Hirsau ansehen.

- **Ausgangspunkt:**
  Hirsau.

- **Wegverlauf:**
  Vom Parkplatz vor dem *Kloster* folgen wir dem Weg zum Wildgehege, parallel zur B 296 in Richtung Oberreichenbach. Nach den letzten Häusern kommen wir in den Wald, unser Wanderzeichen ist die blaue Raute. Nun wandern wir entlang des munteren Baches. Nach kurzer Zeit kommen wir zum Neuen Brunnen, den die Ortsgruppe Hirsau des Schwarzwaldvereins 2002 zu ihrem vierzigjährigen Jubiläum erbaut hat. Danach gehen wir über eine Brücke nach rechts und wandern auf einem Pfad weiter, kurz danach zieht der Weg aber wieder nach links hoch zum breiten Forstweg.

  Einige Zeit danach erreichen wir eine Steinbrücke, wo nach rechts ein breiter Weg zu ein paar Häusern abgeht, links vom Weg steht hier eine hölzerne Schutzhütte. Der bequemere Weg führt links des Baches weiter; wer möchte und abenteuerlustige Kinder dabei hat, kann auch rechts des Baches auf dem Pfad weitergehen. Später führt der Pfad über eine Holzbrücke nach links über den Bach und mündet in den anderen Weg ein. Wir kommen über verschiedene Brücken, mal links, mal rechts des Baches, und sehen einige Wasserfälle.

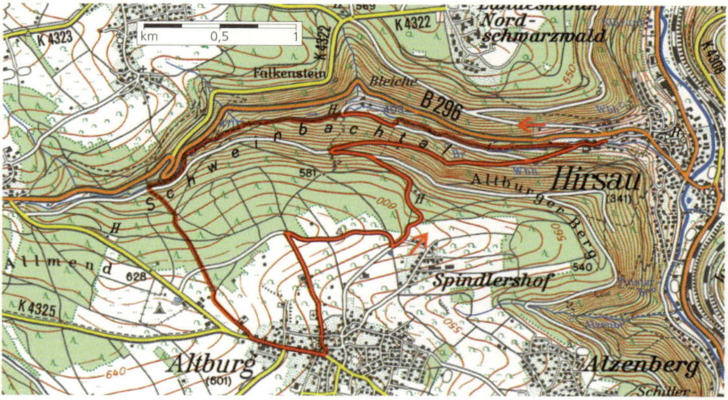

Der **Schweinbach** ist vielleicht einer der schönsten Schwarzwaldbäche. Er bildet kleine Wasserfälle zwischen den tiefgrün bemoosten Felsblöcken, im Bachbett liegen Baumstämme, die keiner herausholt, zeitweise führt ein schmaler Pfad entlang des Baches.

Wo die Straße rechts eine Haarnadelkurve beschreibt, zieht der Weg nach links hoch zum Forstweg. Kurz danach orientieren wir uns mit der blauen Raute nach links in Richtung *Altburg*. Wir gehen bis zur Landstraße und auf ihr nach links zur Kirche. Nach ihr biegen wir mit der gelben Raute nach links ab in die Straße Klösterle. Wir halten uns gleich links und spazieren direkt am Chor der Kirche entlang auf dem Bohnenbergerweg, dann durch die Reizengasse in Richtung »Friedhof«. Rechts liegt das Bauernhausmuseum, das vom Schwarzwaldverein betreut wird.

Nach dem Ort kommen wir an einem gusseisernen Laufbrunnen mit einem Steintrog vorbei. Wir gehen auf die Höhe bis zum Waldrand, hier halten wir uns rechts und marschieren einige Minuten

Das Schweinbachtal

Eine Kaskade folgt der anderen.

auf einem aussichtsreichen Weg. Am Waldrand bei ein paar Scheunen zieht der Weg nach rechts, wir nehmen dann gleich den nächsten nach links abzweigenden Weg und gehen kurz darauf nach links in den Wald (Richtung »Hirsau«).

Der Weg zieht etwas später nach links und wir kommen an einer Hütte vorbei. Wir treffen kurz darauf einen breiten Forstweg, folgen ihm nach links und kommen zu einem weiteren Forstweg. Nach rechts marschieren wir auf dieser »Waldautobahn« zurück nach *Hirsau*. Hier kann man sich die Ruine des ehemaligen, aus dem 11. Jahrhundert stammenden Benediktiner-Klosters Sankt Peter und Paul anschauen.

Länge:
Etwa 9 Kilometer.

Zeit:
Etwa 3 Stunden.

Höhenunterschied:
Etwa 260 Meter.

Empfohlene Karte:
Blatt 1, Karlsruhe – Pforzheim, Landesvermessungsamt Baden-Württemberg.

Einkehrmöglichkeit:
Altburg.

Sonstiges:
Die Wanderung verläuft auf Naturpfaden und festen Wegen. Bei Feuchtigkeit sollte man auf den Holzbrücken vorsichtig sein, denn sie können rutschig sein.

Öffnungszeiten des Bauernhausmuseums: April bis Oktober sonntags von 14 bis 16 Uhr. Wer den Rummel und die gebührenpflichtigen Parkplätze in Hirsau meiden will und auch kein Interesse an der Klosterruine hat, kann auch in Altburg bei der Schwarzwaldhalle parken.

Für Kinder:
Schaffen die Kinder nicht die gesamte Tour, sollte man mit ihnen nur das Schweinbachtal entlanggehen und dann auf gleichem Weg zurück. Ein weiteres interessantes Ziel ist die Klosterruine in Hirsau samt Museum.

Natur und Geschichte

Über den Neidlinger Wasserfall zur Ruine Reußenstein

Neidlingen – Wasserfall – Reußenstein – Reußensteinhof – Neidlingen

Der Neidlinger Wasserfall ist einer der wenigen Wasserfälle auf der Schwäbischen Alb; insbesondere nach der Schneeschmelze und nach Regen entfaltet er seinen ganzen Reiz. Kindern wird es Spaß machen, ein wenig im Bachbett zu spielen oder im Wasser nach kalküberkrusteten Blättern und Aststückchen zu suchen. Ein weiteres Ziel, das auch Kinder interessieren wird, ist die Ruine Reußenstein. Unterwegs kommen wir zudem an verschiedenen Aussichtspunkten vorbei. Besonders reizvoll ist diese Tour Mitte April, wenn um Neidlingen herum die Kirschbäume blühen. Zusammen mit dem zarten Grün der Buchenwälder ist dies ein prächtiges Bild.

Ausgangspunkt:
Neidlingen.

Wegverlauf:
Wenn wir von der Autobahn her nach Neidlingen kommen, biegen wir in der Ortsmitte nach rechts in die Kirchstraße ab und fahren links der Lindach bis zum Wanderparkplatz nach den Häusern.

Zunächst wandern wir taleinwärts bis zu einer Verzweigung, wo wir auf dem rechtwinklig nach links abgehenden Weg neben dem Bächlein zum Waldrand emporsteigen. Hier biegen wir mit dem blauen Dreieck nach rechts ab. Kurz vor dem *Neidlinger Wasserfall* geht nach links ein Weg ab, wir spazieren aber noch kurz weiter bis zum Wasserfall.

Der Neidlinger Wasserfall ist vor allem nach der Schneeschmelze oder auch nach Regenperioden beeindruckend.

Wie der Uracher Wasserfall auch entspringt der **Neidlinger Wasserfall** (620 m) dem Karstgestein und baut sich seine »Nase« selbst auf. Ein Seitenarm des Pfannentalbaches stürzt in mehreren Sektionen rund 45 Meter über bemooste Kalksinterterrassen in die Tiefe. Bis in die fünfziger Jahre des 20. Jahrhunderts muss der Wasserfall gerade auch im Winter noch eindrucksvoller gewesen sein. Allerdings brach nach einer besonders starken Vereisung die Felsnase unter dem Gewicht des Eises ab. Heute ist der Wasserfall besonders nach trockenen Perioden nur ein armseliges Rinnsal! Im Tal bildet der Bach mit anderen Seitenbächen die Lindach.

Zurückgekehrt halten wir uns an dem Abzweig rechts und steigen mit einem scharfen Knick hoch zu einem Forstweg. Wir gehen kurz rechts, dann gleich links und steigen hinauf bis zur *Ruine Reußenstein*.

Die **Ruine Reußenstein** gehört zu den typischsten Burgen der Schwäbischen Alb. Nachdem sie 1965/66 renoviert wurde, steht sie heute als Bilderbuch-Ritterburgruine auf ihrem Bergsporn aus Riffkalken. Von ihren Mauern aus hat man herrliche Ausblicke ins Neidlinger Tal, nach Neidlingen und ins Albvorland. Das Innere der Ruine mit dem quadratischen, halb zerfallenen Bergfried aus dem 14. Jahrhundert und dem Wohnsaal, dem Palas, aus dem 15. Jahrhundert ist nur auf einem schmalen Felspfad zugänglich. Anfangs war die Ruine eine Stauferburg, später dann der Stammsitz der Ritter Reuss und Randeck.

Aus diesen Felsen entspringt der Bach.

Nach der Besichtigung und einer wohlverdienten Pause halten wir uns – gesehen aus der Aufstiegsrichtung – an der Ruine links und wandern mit dem roten Dreieck am Trauf entlang. Etwas später gehen wir nach rechts aus dem Wald hinaus zum *Hof Reußenstein,* hier biegen wir mit dem Wanderzeichen nach links ab in Richtung »Boßler«. Auf einem asphaltierten Weg erreichen wir die Landstraße. Am dahinter liegenden Parkplatz gehen wir links vorbei durch die Schneise. Nach ihr müssen wir aufpassen, denn der markierte Weg geht nach links weg, weiter am Trauf entlang und immer mit leichtem Auf und Ab.

Nach einiger Zeit dürfen wir den nach links abgehenden Weg, der mit dem blauen Dreieck markiert ist, nicht verpassen. An der folgenden Verzweigung bleiben wir rechts und kommen in einem weiten Linksbogen zu einer Stelle auf dem Bergrücken, wo ein Wanderweg quert. Wir gehen nach links

So wasserreich erlebt man den Neidlinger Wasserfall wohl selten.

hinab in Richtung »Neidlingen«. An dem querenden Forstweg halten wir uns rechts und wandern am Hang des Erkenbergs entlang. Nach dem Wald geht es, im Prinzip immer geradeaus, hinab nach Neidlingen. Wir überqueren den Bach und kommen zur Durchgangsstraße, dahinter spazieren wir links des Baches in der Kirchstraße zurück zum Ausgangspunkt.

Länge:
Etwa 11 Kilometer.

Zeit:
Etwa 3 ½ Stunden.

Höhenunterschied:
Etwa 530 Meter.

Empfohlene Karte:
Freizeitkarte 524, Bad Urach, Landesvermessungsamt Baden-Württemberg.

Einkehrmöglichkeit:
Neidlingen, Reußensteinhof.

Sonstiges:
Die Wanderung verläuft auf Naturpfaden und festen Wegen.

Zum Nachlesen über die Ruine:
Dieter Buck: Burgen und Ruinen der Schwäbischen Alb. Stuttgart, 2000.

Für Kinder:
Wenn Kinder die gesamte Tour nicht schaffen, geht man mit ihnen nur zum Wasserfall und vielleicht noch zur Ruine Reußenstein. Beide Ziele sind interessant, oberhalb des Wasserfalls kann man im Bachbett spielen und die Ruine fasziniert sowieso.

Bis zur Ruine beträgt die Wanderzeit etwa eine Stunde, der Höhenunterschied etwa 310 Meter. Und wer es ganz kurz machen möchte, der parkt einfach am Reußenstein-Parkplatz auf der Höhe und steigt über die Ruine ab zum Wasserfall.

Wo die Fils entspringt

Von Wiesensteig zur Quelle

Wiesensteig – Kreuzkapelle – Hof Reußenstein – Ziegelhof – Filsquelle – Wiesensteig

Bei dieser Wanderung steigen wir von Wiesensteig aus auf dem Kreuzweg hinauf auf die Albhochfläche, danach geht es wieder hinab zur Filsquelle, die in einem romantischen Wiesentälchen liegt.

- **Ausgangspunkt:**
  Wiesensteig.

- **Wegverlauf:**
  Der Ausgangspunkt *Wiesensteig* ist ein sehenswerter Ort mit heimeligen Ecken, wie von Spitzweg erfunden, Fachwerk- und geschmückten Barockhäusern, einer prächtigen Kirche und einem schönen Elefantenbrunnen. Kindern kann man einen Bummel durch das Städtchen schmackhaft machen, indem man sie zählen lässt, wie viel Abbildungen von Elefanten sie im Ort finden oder wie oft das Wort »Elefant/Helefant« – das Wappen-

Die Filsquelle ist ein sehr beliebtes Ausflugsziel.

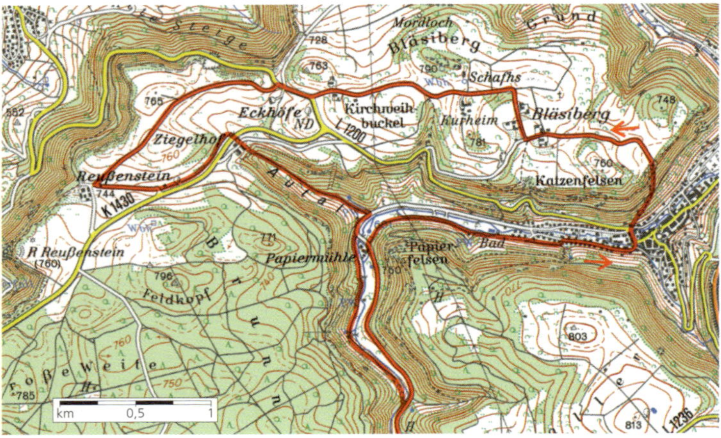

Im Frühjahr säumen große Bestände von Sumpfdotterblumen die junge Fils.

tier der früheren Besitzer, der Helfensteiner – auftaucht.

Wir folgen in der Stadt kurz dem Sträßchen in Richtung Neidlingen. Wo die Straße zur Filsquelle nach links abzweigt, geht die Sonnenbergstraße nach rechts ab. Hier steigen wir rechts des ersten Hauses auf dem mit rotem Strich markierten Steig steil nach oben. Vorbei an Kreuzwegstationen erreichen wir die *Kreuzkapelle*. Hier wandern wir auf dem Asphaltweg weiter. Beim Hof Bläsiberg knickt der Weg nach rechts ab, nach dem Wäldchen nach links. Schließlich erreichen wir das nach Neidlingen führende Sträßchen, dem wir kurz nach rechts folgen. Gleich darauf biegen wir nach den *Eckhöfen* mit dem Zeichen rotes Dreieck nach links ab und wandern bis zum *Hof Reußenstein*. Wer möchte, kann noch einen Abstecher zur *Ruine Reußenstein* machen. Ansonsten folgen wir dem Weg, der am Hof nach Osten zur Straße führt. Neben ihr gehen wir ein kurzes Stück, bis wir zum Ziegelhof nach rechts abbiegen.

Gleich westlich der Gebäude nehmen wir den Weg, der mit dem Zeichen rote Raute in Richtung »Filsquelle« abgeht. Wir steigen nun durch das wildromantische *Autal* mit seinen mächtigen bemoosten Felsbrocken hinab ins *Filstal,* wo wir dem Sträßchen nach rechts folgen. Hier am Parkplatz ist auch der Ausgangspunkt für Familien mit kleinen Kindern, die nur die kurze Strecke zur Quelle und zurück spazieren wollen. Vor der Papiermühle können wir entweder dem Naturweg rechts des Baches oder dem Schotterweg links des Baches bis zur *Filsquelle* folgen. Am besten geht man auf dem Naturweg hin und auf dem festen Weg dann zurück.

Die stark schüttende Karstquelle der **Fils** liegt unterhalb des Hasentals, einem Trockental. Hier, in 625 Meter Höhe über Normalnull, sprudelt das Wasser aus mehreren dicken Löchern aus dem Fels. Die Schüttung schwankt je nach Wetterlage zwischen 50 und 4000 Litern pro Sekunde. Die Quelle tritt an der Schichtgrenze zwischen Weißjura α und Weißjura β zu Tage. Das Wasser der Quelle stammt aus Niederschlägen von der Albhochfläche, diese versickern in den Klüften und Spalten dieser Karstlandschaft. Tief unten sammelt sich das Wasser dann auf wasserundurchlässigen Schichten in Höhlen oder größeren Klüften an und strömt von dort einem Ausfluss zu.

Die Fils mäandert anfangs in einem idyllischen Wiesental.

Im traufnahen Bereich der Schwäbischen Alb fließt das Wasser zum Neckar und damit später in den Rhein, wohingegen das Wasser auf der Oberfläche der Alb zur Donau hin abfließt.

Die Fils selbst ist über 63 Kilometer lang und weist von der Quelle bis zur Mündung in den Neckar ein Gefälle von 377 Metern auf.

Nach einer ausgiebigen Pause bei der Filsquelle spazieren wir wieder zurück zur *Papiermühle*. Ab hier nehmen wir nicht die Straße, sondern den Weg, der rechts von Straße und Bach nach *Wiesensteig* führt.

- **Länge:**
  Etwa 11 Kilometer.

Grillpause an der Filsquelle

- **Zeit:**
  Etwa 3 ½ Stunden.

- **Höhenunterschied:**
  Etwa 200 Meter.

- **Empfohlene Karte:**
  Freizeitkarte 524, Bad Urach, Landesvermessungsamt Baden-Württemberg.

- **Einkehrmöglichkeit:**
  Wiesensteig.

- **Grillmöglichkeit:**
  Filsquelle.

- **Sonstiges:**
  Die Wanderung verläuft auf Naturpfaden und festen Wegen.

- **Für Kinder:**
  Mit kleinen Kindern kann man auch am Parkplatz Filsquelle parken und nur entlang des Baches zur Quelle und wieder zurück spazieren. Das sind hin und her etwa drei Kilometer und ein Höhenunterschied von etwa vierzig Metern. Hin geht man am besten auf dem Weg, teilweise ein Pfad, rechts des Baches, zurück auf dem breiten Fahrweg. Die reine Gehzeit beträgt etwa eine Stunde. Am Bach und an der Quelle finden die Kinder genügend Spielmöglichkeiten. Auf dem Fahrweg können auch Kinderwägen geschoben werden, oder man kann die Kinder auch mit dem Rad fahren lassen. Und wer möchte, besucht anschließend das Freibad in Wiesensteig.

Ein Bade-, Segel- und Surf-Eldorado

Die Nagoldtalsperre

Erzgrube – Kälberbronn – Erzgrube

Diese Wanderung, ausgehend von dem Bade-, Segel- und Surf-Eldorado Nagoldtalsperre, führt durch die prächtige Landschaft des Nordschwarzwalds: mächtige Bäume, verschiedene Moose, riesige Farne und Gräser – grün in allen Farbvariationen. Man kann nach der Wanderung den Tag gemütlich am Seeufer ausklingen lassen oder einfach noch die Talsperre umrunden, dann wäre die Tour etwa 6½ Kilometer länger.

- **Ausgangspunkt:**
  Erzgrube, Parkplatz 1.

- **Wegverlauf:**
  Wir spazieren vom *Parkplatz 1* aus nach Westen bis zum Ende des Stausees und biegen hier mit dem Zeichen blaue Raute und dem Wegweiser nach »Kälberbronn« nach links in die Hallwanger Straße ein.

Die **Nagold** entspringt auf einer Höhe von 811,3 Metern bei Urnagold und mündet bei Pforzheim in die Enz. Die Quelle des Flusses selbst ist bescheiden: Sie liegt etwas im Wald verborgen, hier treten zwei Rinnsale zu Tage. Sie vereinigen sich zur Nagold! Zwischen 1342 und 1911 hat man auf der Nagold geflößt, wobei in der zweiten Hälfte des 19. Jahrhunderts jährlich mit 170 bis 200 Langholzflößen Baumstämme talabwärts befördert wurden.

Bei der Nagoldtalsperre

Früher hatte die Nagold häufig Hochwasser, oft stieg der Pegel vier Meter über seinen normalen Stand. Beim Bau der **Nagoldtalsperre** standen der Hochwasserschutz und die Grundwasseranreicherung im Vordergrund. Bereits 1901 hatte man Pläne für einen Großspeicher oberhalb Altensteigs ausgearbeitet, die Gegend litt damals schon unter dem Wechsel von Trockenperioden und Hochwasser. Ende der 1940er-Jahre – nach einigen Jahren der Extreme – suchte man nochmals nach einer Lösung. Statt eines großen Sees sollten nun vier kleine geschaffen werden. Zwischen 1965 und 1970 wurde dann die Nagoldtalsperre gebaut; dabei versanken rund sechzig Hektar Kulturland im Wasser. Heute ist der See im Sommer ein beliebter Ort für Wassersportler aller Art. Auch für Wanderer und Spaziergänger ist der Stausee im nordöstlichen Schwarzwald ein reizvolles Ziel.

Nach der Kirche halten wir uns mit dem Zeichen links und steigen steil die Kälberbronner Steige hinauf. Nach den Häusern geht es im Wald weiter aufwärts, schließlich aber wird es flacher und wir kommen zum Waldrand.

Hier liegt rechts ein schöner Grill- und Spielplatz. Wir biegen mit dem Zeichen in Richtung »Obermusbach« nach rechts ab und spazieren mit schönem Blick auf *Kälberbronn* am Waldrand entlang, überqueren den Stutzweg und treffen etwas später wieder auf eine Landstraße. Wir halten uns rechts, dann gleich nochmals in den Igelsberger Weg. Den Abzweig nach links nach

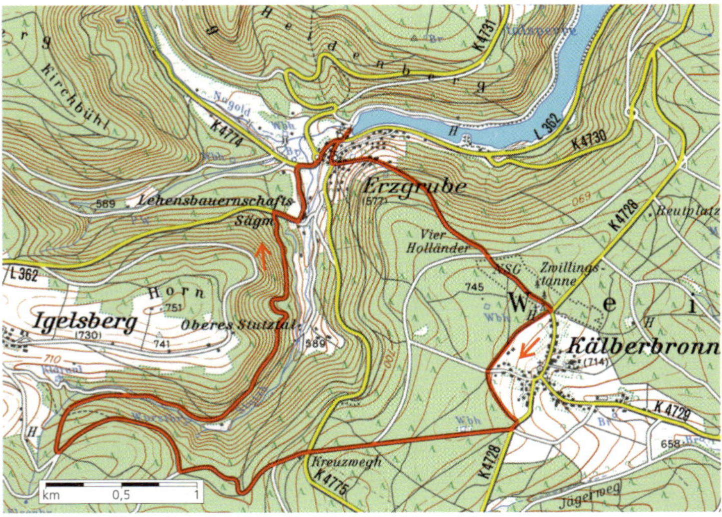

»Obermusbach« ignorieren wir. Mit leichtem Auf und Ab kommen wir zur Landstraße und zu der dahinter liegenden *Kreuzweghütte;* auch hier behalten wir unsere Richtung bei.

Es geht weiter geradeaus, wir überqueren kurz darauf einen weiteren Weg und kommen zu einer scharfen Rechtskurve. Wir können nun dem Forstweg nach rechts bis zur nächsten Kreuzung folgen oder den links abzweigenden, markierten Wanderweg nehmen, was aber nur bei trockenem Wetter empfehlenswert ist. Er führt unbefestigt geradeaus weiter, bis er nach rechts hinab zum Forstweg zieht. Wir halten uns links bis zur oben genannten Kreuzung und folgen hier dem Forstweg nach rechts. Er beschreibt einen weiten Bogen und bringt uns zu einer Kreuzung, wo wir dem Mühlhaldenweg in Richtung »Erzgrube« nach rechts folgen. Wir gehen auf diesem Forstweg hinab zur Landstraße, die uns nach rechts zurück nach Erzgrube bringt.

- **Länge:**
  Etwa 11 Kilometer.

- **Zeit:**
  Etwa 3 Stunden.

- **Höhenunterschied:**
  Etwa 200 Meter.

- **Empfohlene Karte:**
  Blatt 3, Bad Wildbad – Freudenstadt, Landesvermessungsamt Baden-Württemberg.

Baden, surfen und segeln ist erlaubt.

- **Einkehrmöglichkeit:**
  Talsperre.

- **Grillmöglichkeit:**
  Liegewiesen an der Talsperre, vor Kälberbronn.

- **Sonstiges:**
  Die Wanderung verläuft auf festen Wegen.

- **Für Kinder:**
  Mit Kindern kann man auch einen ganzen Sommertag nur am See verbringen. Da dort alle Arten von Wassersport ausgeübt werden können, wird es ihnen auf jeden Fall gefallen. Der Weg am Ufer des Sees ist auch eine beliebte Skaterstrecke.

Überbleibsel aus der Eiszeit

Zwei Karseen im Schwarzwald

Kniebis – Sankenbachsee – Ellbachsee – Kniebis

Karseen sind eine »Spezialität« des Schwarzwalds; gleich zu zwei solchen und zu einem beeindruckenden Wasserfall führt diese Wanderung. Die Seen gehören sicherlich zum schönsten, was die Natur im Nordschwarzwald zu bieten hat. Riesigen Perlen gleich liegen sie recht einsam inmitten der dunklen Wälder. Man kann diese Tour als ausgedehnte Wanderung unternehmen; da man aber großenteils auf Forststraßen unterwegs ist, empfiehlt es sich, sie mit dem Rad abzufahren. Die Höhenmeter fallen so oder so an.

- **Ausgangspunkt:**
  Kniebis.

- **Wegverlauf:**
  Wir fahren von der B 28 ab in Richtung »Kniebis-Dorf«. Vor der Klosterruine biegen wir nach rechts ab in das Baiersbronner Sträßle und fahren links an der evangelischen Kirche vorbei. Wo nach links die Straße Am Buchschollen in den Wald führt, fahren wir noch geradeaus weiter bis zum Waldrand, wo wir parken.

  Nun nehmen wir den rechten der beiden nach Osten führenden Forstwege. Nach einer ausgeprägten Linkskurve überqueren wir einen Bachlauf und behalten unsere östliche Richtung bei, kurz danach an der Verzweigung orientieren wir uns links, beide Male in Richtung »Baiersbronn«.

  Nach einiger Zeit treffen wir auf eine große »Verkehrsinsel«, im Hintergrund sehen wir eine kleine Hütte. Wir biegen vor der Verkehrsinsel in Richtung »Sankenbachsee« nach links ab. Nach einer Rechtskurve gehen nach links kurz hintereinander zwei Wege ab; wir nehmen den rechten, der uns vorbei an einer Hütte zu einem großen Rastplatz mit Tischen, Bänken und Grillgelegenheit und großen Erklärungstafeln bringt. Rechts liegt der

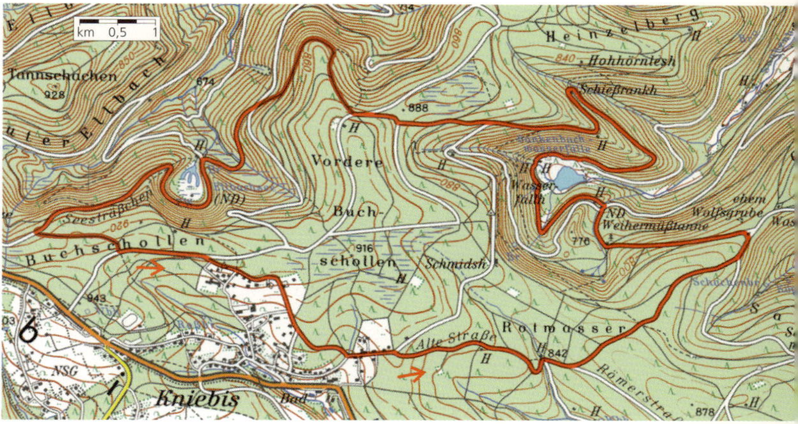

Sankenbachsee, ein Karsee; nach links sollten wir einen Abstecher hoch zu den *Sankenbachwasserfällen* machen.

Karseen entstanden durch die Gletscher der Würmeiszeit. Bedingt durch die Lage im Wind- und Sonnenschatten häuften sich große Schneemassen, die in den kühlen und kurzen Sommern nicht abschmelzen konnten. Sie verdickten im Laufe der Zeit zu Firn und Eis und die Gletscher hobelten bei ihrem langsamen Weg ins Tal den Untergrund wannenartig ab. Als es wärmer wurde und das Eis schmolz, blieben die Moränenwälle, die die Gletscher vor sich her geschoben hatten, liegen und bildeten so genannte Kare, in denen sich das Wasser aufstaute. Durch den Bewuchs mit Pflanzen sind einige der Karseen in der Zwischenzeit verlandet. Bei anderen durchbrach das Wasser den Karriegel, die Seen liefen aus oder es bildeten sich Hochmoore.

Ein paar Karseen gibt es aber heute noch im Nordschwarzwald. Wegen ihrer dunklen Farbe galten sie allgemein als unergründlich und boten Stoff für zahlreiche Sagen.

Zur Zeit der Flößerei wurden viele Karseen aufgestaut und mit einem so genannten Mönch (ein Schacht mit Auslauf zur Regulierung des Wasserstandes) versehen, da man zum Flößen einen Wasserschwall aus den Seen brauchte.

Bedingt durch ihre Lage weisen die Karseen ein besonderes Kleinklima auf, in dem sich seit den Eiszeiten alpine Pflanzen- und Tierarten halten konnten. Auf den Karseen und darum herum bildeten sich Bultenmoore (Bulten sind mit Gras besetzte feste Kuppen). Die Flächen wurden teilweise als Streuwiesen genutzt und an den Karwänden stockt ein Bergwald.

Der Sankenbachsee hat seine Entstehung den Eiszeiten zu verdanken.

Am Rand der Seen wächst Gelbe Iris, an den Einläufen Grauer Alpendost, in den Streuwiesen Wollgras, in schattigen Bereichen Waldbinsen, an den Karwänden Farne (Rippen-, Ruprechts- und Streifenfarn), der Tannen-Keulenbärlapp und Schachtelhalmarten, ein Relikt aus der Braunkohlezeit. An warmen Böschungen findet man Roten Fingerhut, Knabenkräuter, Waldhyazinthen und Stendelwurz, ausgestorben sind Arnika, der Rundblättrige Sonnentau und Fettkraut. Zahlreich sind die Moos- und Rauschbeerensträucher. An Tieren sind vor allem die zahlreichen Schmetterlingsarten zu erwähnen: Kleiner Fuchs, Trauermantel, Pfauenauge, Moor-, Schecken- und Schillerfalter, Kaisermantel und Widderchen.

Beim **Sankenbachsee** blieb beim Abschmelzen der Gletscher vor 10 000 Jahren ein Schuttwall liegen, der in der dahinter liegenden Gletschermulde das Schmelzwasser zum See aufstaute. Dieser leerte sich vor 3000 Jahren vollständig aus, nachdem der stark Wasser führende Bach die als Sperrriegel dienende Endmoräne durchbrochen hatte. Um 1980 wurde der Endmoränenwall wiederhergestellt und der See von neuem aufgestaut. Der See liegt in einem Feuchtwiesengebiet, das vielen seltenen Tier- und

Pflanzenarten Lebensraum gibt. Die vierzig Meter hohen **Sankenbachwasserfälle** stürzen hinter dem See in zwei Teilen über die steile Karwand herab. Eine Bank aus hartem, verkieseltem Mittleren Buntsandstein quert hier die Karwand und konnte bislang der erodierenden Kraft des Wassers widerstehen. Einzigartig im Nordschwarzwald ist, dass aus der wasserundurchlässigen Gesteinsbarriere kleine Quellen heraustreten, die zusammen mit der Hauptwassermasse über den glatt geschliffenen, rötlichen Fels des Sandsteinkessels herabrieseln. Das Wasser sammelt sich oberhalb in einem ausgekolkten Becken; interessant für Kinder ist hier das kleine Wehr, das man selbst öffnen darf und welches das Wasser in einem mächtig rauschenden Wasserschwall in die Tiefe schickt. Der Sankenbach entspringt nördlich von Kniebis im so genannten Überzwerch.

Wir folgen danach noch kurz dem Weg um den See und fahren an der Verzweigung am Seeende nach links hoch; ab nun folgen wir einige Zeit der Beschilderung nach »Mitteltal«. Der Weg beschreibt zwei Mal eine scharfe Links-, dann eine Rechtskurve. Anfangs steigt er steil an, dann wird es flacher.

An einer Verzweigung fahren wir auf dem rechten Weg leicht ansteigend weiter in Richtung »Mitteltal«. Danach treffen wir auf einen querenden Weg, hier nehmen wir nicht den scharf nach rechts führenden Weg, sondern behalten unsere Richtung bei. Kurz danach treffen wir auf einen anderen Weg, dem wir mit dem Wanderzeichen blaue Raute bis zur nächsten Kreuzung folgen; hier biegen wir nach rechts ab (»Ellbachsee«). Mit weiter Aussicht geht es nun bergab, dann beschreibt der Weg eine Linkskurve und bringt uns zu einem Asphaltsträßchen. Wir überqueren es und fahren dahinter weiter steil bergab. Nach einer Rechtskurve kommen wir zum *Ellbachsee*.

Auch dieser Brunnen spendete früher Wasser.

Der **Ellbachsee** ist wie die meisten Karseen nach Nordosten ausgerichtet. Bei ihm verblieb das Wasser des Gletschers in einer Mulde aus Buntsandstein. Auf der Westseite des Sees liegt die von einem alten Fichten-/Tannenwald bewachsene, rund 140 Meter hohe Karwand. Er ist im Gegensatz zu anderen Karseen im Schwarzwald, die bis zu 17 Meter tief sein können, nur zwei Meter tief, auch ist er mit einem halben Hektar Fläche sehr klein. Um ihn herum liegt ein Bultenmoor, ein trittempfindliches Biotop. Hier wächst auf schwimmenden Torfkörpern Schwingrasen, außerdem finden sich hier Torfmoosgesellschaften, insbesondere Pfeifen- und Wollgras sowie die Schnabelsegge. Im See schwimmt eine runde Insel – eine Torfdecke, die sich bei einem früheren Stauversuch gelöst hat.

Vor dem Ellbachsee halten wir uns links und umrunden ihn auf dem ansteigenden Weg fast vollständig, danach knickt der Weg nach links ab. Es steigt nun immer an. Nach etwa einem Kilometer, nachdem wir einen Bachlauf überquert haben, biegen wir nach links ab und fahren in einem letzten Anstieg auf die Höhe, wo wir nach rund 600 Metern zu einer Verzweigung kommen. Wir halten uns rechts

Die Insel im Ellbachsee löste sich bei einem früheren Stauversuch.

zu dem asphaltierten Sträßchen und auf ihm links. Etwas später kommen wir am Lehrpfadschild Kohlenmeiler vorbei, kurz danach verlassen wir bei einem Parkplatz und dem Schild Köhler den Wald und fahren durch das Anliegersträßchen. Es knickt bei der humoristischen Wetterstation nach rechts ab; kurz danach halten wir uns an der Verzweigung links und fahren durch den Wald bis zum Baiersbronner Sträßle. Wir biegen nach links ab und radeln auf bekanntem Weg zum Ausgangspunkt.

Erfrischend auch zum Ansehen

Länge:
Etwa 16 Kilometer.

Zeit:
Als Radtour etwa 3 Stunden, als Wanderung 5 bis 6 Stunden.

Höhenunterschied:
Etwa 510 Meter.

Empfohlene Karte:
Blatt 3, Wildbad – Freudenstadt, Landesvermessungsamt Baden-Württemberg.

Grillmöglichkeit:
An den Seen.

Sonstiges:
Die Wanderung verläuft auf festen Wegen.

Für Kinder:
Da beide Seen recht weit vom Parkplatz entfernt liegen, sind die Touren nicht für Familien mit kleinen Kindern geeignet. Als Radtour ist die Strecke nicht allzu lang; ob größere Kinder dabei die anstrengenden Anstiege bewältigen können, muss jeder selbst entscheiden.

Der Schwarzwälder Wasserpfad

Von Reinerzau zum Stausee Kleine Kinzig

Reinerzau (Parkplatz Kleine Kinzig) – Stausee – Parkplatz

Bei Reinerzau südlich von Freudenstadt wurde ein interessanter Wasserlehrpfad eingerichtet, der viel Wissenswertes rund um Wasser, Bäche und Quellen, insbesondere über Schwarzwälder Besonderheiten wie beispielsweise die Wässerwiesen bietet. Sowohl naturkundlich wie auch technisch Interessierte kommen hier auf ihre Kosten. Auch sonst ist der Spaziergang entlang des munteren Bächleins sehr reizvoll. Ein Abstecher zu einem kleinen Wasserfall lohnt sich. Wer die Tour verlängern will, der umrundet außerdem den Stausee, die einzige Trinkwasser-Talsperre Baden-Württembergs.

- **Ausgangspunkt:**
  Reinerzau-Oberes Dörfle, zwischen Schömberg und Schenkenzell.

- **Wegverlauf:**
  Von Schömberg kommend folgen wir nach rechts dem Schild »Wasserversorgung Kleine Kinzig« und parken gleich danach am *Wanderparkplatz Kleine Kinzig.* Hier steht ein Infopavillon mit einigen Lehrtafeln; außerdem kommen wir unterwegs an anderen Tafeln vorbei, die über Wasserverschmut-

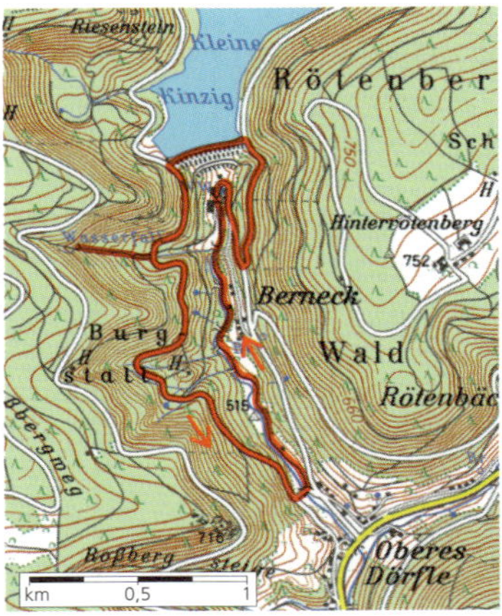

Unterhalb der Staumauer wurden alte technische Einrichtungen aufgestellt.

zung, Ökologie, die Tier- und Pflanzenwelt, Quellen, Wässerwiesen, Kare, Klima und Niederschläge, Wasserkraftnutzung früher und heute, Hangerosion und vieles andere berichten.

Der Weg kann nicht verfehlt werden; wir beginnen rechts des Baches und gehen bis zur Staumauer; hier nehmen wir die nach rechts hinaufführende Asphaltstraße, dann die nach links abgehende Straße und kommen zur etwa siebzig Meter höher liegenden Krone des Staudamms.

Der Bau des 56 Hektar großen **Stausees Kleine Kinzig** begann Ende der 1970er-Jahre. Dreißig Schwarzwald-Gemeinden hatten sich für den Bau des Trinkwasserreservoirs zum Zweckverband Kleine Kinzig zusammengeschlossen. Da der Untergrund im regenreichen Schwarzwald so beschaffen ist, dass das Wasser schnell zu Tal fließt, herrschte in der Region Wassermangel. Heute speichert der See rund 13 Millionen Kubikmeter Wasser. Über den Entnahmeturm im See gelangt das Wasser zu Turbinen, die Strom erzeugen, danach wird es gereinigt, zwischengespeichert und zu den angeschlossenen Gemeinden geleitet. Pro Stunde können über 2000 Kubikmeter Wasser aufbereitet werden.

Ein interessantes geologisches Phänomen ist das Kar, das man

Der Stausee Kleine Kinzig dient der Trinkwasserversorgung.

gegenüber der Staumauer an der anderen Hangseite sieht. Dieser Talkessel wurde wie andere in der Eiszeit ausgeräumt; in ihm befand sich zeitweise auch ein See, daher auch der Name »Alter Weiher«. Er hat also eine ähnliche Entstehungsgeschichte wie die anderen Karseen im Schwarzwald, beispielsweise der Ellbach- oder der Sankenbachsee (siehe Seite 119 ff.).

Wer möchte, beginnt hier mit der Umrundung des Stausees; ansonsten überqueren wir den Damm und halten uns danach links. Beim querenden Heuweg können wir nach rechts hinaufgehen zu einem kleinen Wasserfall; wir folgen erst dem breiten Weg, dann Pfadspuren, immer entlang des Bächleins. Der Wasserfall stürzt erst ein paar Meter senkrecht über eine bemooste Felswand hinab, rieselt dann ein Stück über flachere Felsen und fließt anschließend zwischen bemoosten Steinen weiter. Immer dem Weg folgend, der die Biegungen des Hanges mitmacht, kommen wir wieder zurück zum Ausgangspunkt.

Kaulquappen im Frühjahr

Länge:

Etwa 6 Kilometer, mit Stauseeumrundung weitere 6 Kilometer.

Zeit:

Etwa 2 Stunden, mit Stauseeumrundung weitere 1 ½ Stunden.

Höhenunterschied:

Etwa 200 Meter.

Empfohlene Karte:

Blatt 5, Freudenstadt – Schramberg, Landesvermessungsamt Baden-Württemberg.

Sonstiges:

Die Wanderung verläuft auf festen Wegen.

Zum Nachlesen:

Schwarzwälder Wasserpfad. Wasserwege – Lebensspuren – Erlebnis am Wasser. Alpirsbach, 1997. Erhältlich beim Tourismusbüro Alpirsbach, unter Telefon (0 74 44) 95 16-281.

Für Kinder:

Die Lehrtafeln sind nicht für Kinder gedacht. Trotzdem wird ihnen der Spaziergang entlang des Bächleins Spaß machen. Mit kleineren Kindern geht man denselben Weg wieder zurück; mit größeren wandert man die ganze Runde. Da man zu dem kleinen Wasserfall teilweise weglos entlang des Baches und durch eine urwaldartige Vegetation aufsteigt, wird dies dem Nachwuchs sicher gefallen.

Im Reich von Elfen und Zwergen

Zum idyllischen Märchensee

Unterjesingen – Pfäffingen – Wendelsheim – Märchensee – Oberndorf – Poltringen – Entringen

Mit dieser Wanderung durchqueren wir ein schönes Stück des Ammertals. Höhepunkt der Tour ist der kleine Märchensee nördlich von Wendelsheim. Er hat seinem Namen in den zwanziger Jahren von Tübinger Professoren bekommen, weil sie ihn so märchenhaft schön fanden. Der Name passt bestens zu diesem kleinen Gewässer, das mitten im Wald versteckt liegt und in geheimnisvolles Grün getaucht ist; man meint tatsächlich, dass jeden Augenblick Elfen oder Zwerge das Ufer bevölkern könnten.

■ **Ausgangspunkt:**
Station der Ammertalbahn »Unterjesingen Mitte«.

■ **Wegverlauf:**
Wir fahren bis zur *Station der Ammertalbahn »Unterjesingen Mitte«*. Hier gehen wir bis zu der nach Wurmlingen führenden Straße, biegen in sie nach links ein und orientieren uns gleich nach der Ammer rechts. Kurz vor *Pfäffingen* biegen wir an der Kreuzung bei dem Verkehrsschild nach links ab. Es steigt nun etwas an und fällt dann wieder bis zu zwei Bäumen mit einem Feldkreuz. Hier orientieren wir uns rechts und kommen zum Ortsrand von *Wendelsheim*. Nun bleiben wir rechts der Häuser und stoßen gleich darauf auf die Steinbruchstraße, in die wir nach rechts abbiegen. Nach dem Parkplatz gehen wir zum Waldrand, wo wir nach links abbiegen. Es steigt nun steil an; wo der Weg nach rechts zieht, gibt es einen Vesperplatz mit prächtiger Aussicht. Hier zweigt nach links der Weg zum *Märchensee* ab. Nach kurzem Bergab erreichen wir dieses Naturdenkmal.

Der **Märchensee** liegt auf dem 472 Meter hohen Pfaffenberg. Dieser Zeugenberg zwischen Pfäffingen und Wendelsheim ist seit 1967 mit 300 Hektar Fläche als Landschaftsschutzgebiet ausgewiesen. Er wurde in vorgeschichtlicher Zeit von der Ammer und einem vor der Verkarstung noch vorhandenen Zufluss herausmodelliert. Seine Deckschicht aus Stubensandstein wurde im Laufe der Zeit abgetragen. Auf den Bergkuppen wächst ein Mischwald aus Buchen, Kiefern, Eichen und Fichten. Ein alter Steinbruch bietet zusammen mit dem idyllischen See eine wildromantische Felsenlandschaft.

Der Weg zieht am Märchensee vorbei und bringt uns dahinter durch ein herrlich urtümliches Steinbruchgelände. Nach einer größeren Freifläche und einer Schranke, hinter der sich eine große Holztafel befindet, biegen wir an dem Querweg nach links ab. Kurz darauf kommen wir zu einem Grillplatz in amphitheaterähnlicher Umgebung, am Waldweg dahinter orientieren wir uns nach links. An der Verzweigung danach bleiben wir links oben. Es geht etwas bergab und wir behalten nun bei abgehenden Wegen immer unsere Richtung bei. Schließlich kommen wir zu einem Wasserbehälter, danach fällt unser Weg steil ab. Nach einem querenden Weg verlassen wir den Wald und gehen hinab bis zu den ersten Häusern von *Oberndorf*.

Nun kann man sich vorerst nicht mehr auf die amtliche Karte verlassen. Wir biegen nach rechts ab und spazieren durch das Neubaugebiet, schließlich auf dem Haldenäckerweg hinaus aus dem Ort. Nach einigen hundert Metern geht der Weg nicht mehr weiter; wir biegen nach links ab und kommen zu einem Asphaltweg oberhalb der Elektroleitungen. Hier orientieren wir uns rechts. Bald darauf zieht der Weg nach rechts bis zu einem Querweg; in ihn biegen wir nach links ein und spazieren hinab nach *Poltringen*.

An der Durchgangsstraße gehen wir nach rechts; wo sie nach der Kirche nach rechts zieht, steigen wir auf der Engelstraße geradeaus hoch bis zur querenden Durchgangsstra-

Der Märchensee trägt seinen Namen nicht zu Unrecht.

ße. Wir halten uns links bis zur Ampel und biegen hier nach rechts ab. Nun steigt es etwas an bis zum Ortsende, hier behalten wir unsere Richtung bei. An der nächsten Verzweigung bleiben wir rechts und spazieren zwischen den Feldern auf das bald sichtbare *Entringen* zu. Hinter den Bahngleisen biegen wir nach links ab und kommen zur *Bahnstation*.

- **Länge:**
  Etwa 14 Kilometer.

- **Zeit:**
  Etwa 3 bis 4 Stunden.

- **Höhenunterschied:**
  Etwa 200 Meter.

- **Empfohlene Karte:**
  Freizeitkarte 523, Tübingen – Reutlingen, Landesvermessungsamt Baden-Württemberg.

- **Einkehrmöglichkeiten:**
  In den Orten unterwegs.

- **Grillgelegenheit:**
  Nach dem Märchensee.

- **Sonstiges:**
  Wir wandern auf Natur- und befestigten Wegen.

- **Öffentliche Verkehrsmittel:**
  Ausgangspunkt und Ziel sind Stationen der Ammertalbahn, die man über die S-Bahn bis Herrenberg oder mit der Bahn nach Tübingen erreicht.

Wilde Natur? Nein – ehemalige Steinbrüche beim Märchensee!

- **Zum Nachlesen:**
  Dieter Buck: Das große Buch vom Schönbuch. Tübingen, 2000.

- **Für Kinder:**
  Der Märchensee und das Steinbruchgelände – in dem man auf Kinder etwas aufpassen sollte – sind interessante Ziele. Schaffen sie die gesamte Strecke nicht, besucht man nur den See.

Rund um die Gönninger Seen

Über den Pfullinger Berg zur Ruine Stöffeln

Gönninger Seen – Pfullinger Berg – Stöffelberg – Gönninger Seen

Diese kurze Wanderung ist so recht für heiße Sommertage geeignet, wenn man zwar gerne einen kurzen Ausflug machen möchte, genauso gerne aber im Gras an einem See liegt. So können sich Familien auch aufteilen – wer sich gerne bewegt, der wandert, die anderen legen sich gleich an den See. Baden ist zwar offiziell nicht erlaubt, aber man wird wohl keine Schwierigkeiten bekommen, wenn man es trotzdem tut. Die Wandertour führt zu einigen aussichtsreichen Punkten auf dem Pfullinger Berg und zu einem Platz, an dem sich früher einmal eine umfangreiche Burganlage befand, von der man heute aber kaum noch etwas sieht.

Ausgangspunkt:
Parkplatz Gönninger Seen.

Wegverlauf:
Es gibt, von der alten Samenhändlerstadt Gönningen kommend, vor den Seen rechts der Straße einen *Parkplatz,* einen weiteren nach den *Seen* links der scharfen Rechtskurve, bevor die Straße nach Genkingen stark ansteigt. An diesem

Einsam im Winter, beliebt im Sommer: die Gönninger Seen

beginnt die Wanderung. Wer vor den Seen parkt, spaziert an ihnen entlang und unterquert am Ende die Straße durch den Tunnel.

Am hinteren Parkplatz führt der mit blauer Raute markierte Weg hoch zum »Pfullinger Berg«. Dieser kurze, aber recht steile Anstieg ist der einzige wesentliche dieser Wanderung. Nach wenigen Minuten sind wir oben. Wir verlassen den Wald und gehen einige Meter über die Wiese bis zu einem Feldweg, in den wir nach links einbiegen.

Die Hochwiesen auf dem rund 720 Meter hohen **Pfullinger Berg** stehen seit 1992 unter Naturschutz. Auf einer rund 69 Hektar großen Fläche wachsen auf zum Teil extensiv genutzten Wiesen viele seltene Pflanzen. Die durch die einzelnen Baumgruppen parkartig wirkende Landschaft verdankt ihr Aussehen der ehemaligen Nutzung: Es war eine Waldweide, auf die bis zum Ende des 18. Jahrhunderts die Bauern ihr Vieh trieben. Die Wälder wurden dadurch zusehends lichter, und bedingt auch durch den Holzeinschlag entstanden die Holzwiesen.

An der Verzweigung kurz darauf halten wir uns – nun ohne Wanderzeichen – an den rechten Weg. Er führt uns über die lang gestreckte Hochfläche des *Pfullinger Bergs*. Wo ein Weg in einer Schneise nach rechts hinab führt, gehen wir noch geradeaus weiter bis zum Wald, in ihn hinein und stehen kurz darauf bei einem *Aussichtspunkt* mit Schutzhütte und Feuerstelle.

Die Wanderung führt an schönen Aussichtspunkten vorbei.

Nun spazieren wir den gleichen Weg zurück bis zu der Verzweigung, an der auch ein Pfosten mit Wanderzeichen steht. Wir gehen mit dem blauen Dreiblock nach rechts (Richtung »Stöffelberg«); Kurz darauf wandern wir auf dem Kamm des Bergsporns bis zu einer Verzweigung, links fällt es ab ins Wiesaztal. Unser Weg führt nach rechts weiter zum »Stöffelberg«; erst sollten wir aber einen kurzen Abstecher nach links zum »Barmkapf« machen. Nach wenigen Minuten stehen wir vor diesem prächtigen Aussichtspunkt. Man sieht weit ins Wiesaztal, zu den Seen, zum gegenüberliegenden Roßberg mit seinem Aussichtsturm und ins Albvorland. Anschließend gehen wir zurück zu der Verzweigung und folgen dem Weg auf die andere Seite. An der Verzweigung mit der »Verkehrsinsel« kurz darauf halten wir uns rechts. Bald darauf am Trauf geht es nach links weiter, der markierte Wanderweg ist der rechte der beiden nach links abknickenden Wege. Nach wenigen Minuten weist ein Schild nach rechts zum *Aussichtspunkt Stöffelfels*. Dieser ist leider aber etwas zugewachsen, sodass zumindest im Sommer die Sicht eingeschränkt ist.

Wir folgen nun der Markierung weiter bis zur *Stöffelhütte* samt Grillplatz auf dem *Blutterberg* (722 m). Nach ihr geht es nach links am Trauf entlang weiter. Wir überqueren einen abwärts führenden Forstweg und gehen weiter bis zum Kamm des Bergsporns, wo der Pfad nach rechts zieht. Wir befinden uns nun bereits da, wo wahrscheinlich die ehemals recht lang gestreckte Burg mit ihren Vorwerken begonnen hat. Der Pfad zieht immer auf der rechten Bergseite bis zu seinem westlichen Ende, wo nochmals ein Aussichtspunkt kommt. Am Hügel davor geht der Dreiblockweg nach links ab. Hier, im Graben zwischen den beiden Hügeln, steht auch die vom Schwäbischen Albverein, Ortsgruppe Gönningen, liebevoll gestaltete Tafel mit der Erklärung zur *Burg Stöffeln*. Der Zeichnung nach muss es eine große, ausgedehnte Anlage gewesen sein.

Die Edelfreien von Stöffeln waren im 12. und 13. Jahrhundert die Herren der **Burg Stöffeln** (736 m) und des Ortes Gönningen. Ursprünglich saßen sie auf der nahen Altenburg, bevor sie im 12. Jahrhundert hier eine mächtige Burganlage erbauten. Unter ihnen wurde im 13. Jahrhundert Gönningen auch zur Stadt erhoben. Allerdings mussten sie

Burg und Stadt bereits 1300 an Graf Eberhard den Erlauchten von Württemberg verkaufen. Im Städtekrieg bemächtigte sich 1388 die Reichsstadt Reutlingen vorübergehend der Stadt Gönningen und zerstörte die Burg. Heute sind nur noch Hügel und Wälle erhalten; auf einem der Hügel sieht man noch den letzten Rest eines Mauerwerks.

Wir folgen nun dem Pfad auf der anderen Bergseite abwärts bis zu einem Forstweg (Burghaldenweg) und biegen in ihn nach links ein. Er mündet gleich darauf in einen anderen, nun mit blauem Dreieck markierten Weg. Er bringt uns, immer mit leichtem Auf und Ab, zurück zum Ausgangspunkt.

Nach der recht kurzen Tour bietet sich die **Naherholungsanlage Gönninger Seen** (etwa 600 m) für einen gemütlichen Ausklang an. Die Seen sind aus ehemaligen Tuffsteinbrüchen entstanden. Tuffstein war früher ein beliebter Baustein – in den Orten der Umgebung sieht man heute noch zahlreiche Häuser, die daraus gebaut sind. Die Tuffsteinbildung geht hier seit rund 9000 Jahren vor sich. Dabei setzt sich im Wasser gelöster Kalk nach dem Austritt aus der Quelle als poröser Kalkstein ab. Das Wiesaztal füllte sich dadurch im Laufe der Jahrtausende zehn bis zwanzig Meter hoch auf. Bei der Rekultivierung der Gegend wurden Teile der alten Abbaufronten erhalten. Man sieht den von Röhren und kleinen Gängen durchsetzten Tuffstein. Aus vielen Röhren fließen die Quellen, die die Seen speisen. Das Biotop ist Lebensbereich für viele vom Aussterben bedrohte Pflanzen und Tiere.

- **Länge:**
  Etwa 9 Kilometer.

- **Zeit:**
  Etwa 2 bis 3 Stunden.

- **Höhenunterschied:**
  Etwa 200 Meter.

- **Empfohlene Karte:**
  Freizeitkarte 523, Tübingen – Reutlingen, Landesvermessungsamt Baden-Württemberg.

- **Einkehrmöglichkeiten:**
  Gönningen.

- **Grillgelegenheit:**
  Aussichtspunkt am Ende der Hochfläche und bei der Stöffelhütte.

- **Sonstiges:**
  Die Wanderung verläuft überwiegend auf Naturpfaden.

- **Für Kinder:**
  Die Wanderung ist recht kurz und somit auch für Kinder zu schaffen. Ansonsten kann man auch nur einen Badetag an den Seen genießen oder einfach nur einen kurzen Spaziergang im Gebiet rund um die Seen machen.

Am Fuß der Schwäbischen Alb

Vom Uracher Wasserfall zu den Gütersteiner Wasserfällen

Parkplatz Wasserfall – Uracher Wasserfall – Runder Berg – Gütersteiner Wasserfälle – Gestüt Güterstein – Parkplatz Wasserfall

Die beiden Wasserfälle bei Bad Urach zählen sicherlich zu den am meisten besuchten Natursehenswürdigkeiten der Schwäbischen Alb. Insbesondere der Uracher Wasserfall ist ein bekanntes und beliebtes Ziel. Aber auch die Gütersteiner Wasserfälle bieten ein herrliches Stück Natur. Bei dieser Tour kommt man an beiden Wasserfällen vorbei und durchquert das beeindruckende Felsgewirr der »Hölle«. Außerdem besuchen wir noch den geschichtsträchtigen Runden Berg. Da die Tour recht kurz ist, wird sie auch Kindern großes Vergnügen bereiten. Übrigens: Warum nicht den großen Besucherströmen ausweichen und die Wasserfälle mal bei trübem oder regnerischem Wetter besuchen? Nicht nur, dass man dann ziemlich allein ist, es entsteht, vor allem um die Gütersteiner Wasserfälle herum, eine ganz eigene Atmosphäre.

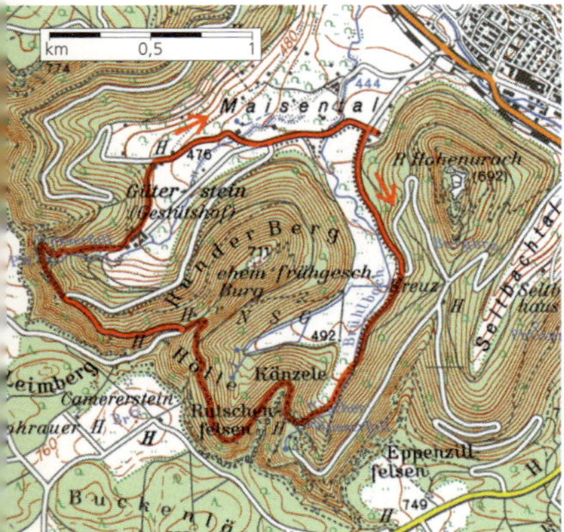

Ausgangspunkt:
Parkplatz vor dem Uracher Wasserfall.

Wegverlauf:
Vom *Parkplatz* aus wandern wir entlang des Brühlbachs bis an den Fuß des *Uracher Wasserfalls.*

Der **Uracher Wasserfall** und die **Gütersteiner Wasserfälle** gehören zu jenen Wasserfällen, die ihre Fallkante nicht zerstören und so im Lauf der Zeit rückwärts schreiten, sondern sie bauen die Kanten immer weiter auf: Bei den Gütersteiner Wasserfällen wächst der Tuffstein durch die ständige Kalkablagerung des Wassers beispielsweise ungefähr um 1 bis 2,5 Zentimeter pro Jahr.

Das Einzugsgebiet des **Uracher Wasserfalls** ist rund zwanzig Quadratkilometer groß und erstreckt sich bis ins fünf Kilometer entfernte Würtingen. Das Wasser sammelt sich auf einer wasserundurchlässigen Lage des Mergels im Weißen Jura. Der den Wasserfall bildende, durchschnittlich etwa 3° Celsius warme Brühlbach entspringt hinter einer Hochwiese, einer im Laufe der Zeit geschaffenen Kalksinterterrasse. Die 250 Meter lange und 125 Meter breite Terrasse begann sich vor etwa 9000 bis 7000 Jahren zu bilden. Die Schüttung der Quelle beträgt normalerweise fünf bis zehn Liter pro Sekunde, bei plötzlicher Schneeschmelze sogar bis zu tausend Liter.

Der Uracher Wasserfall

Der Brühlbach fließt zunächst etwa 150 Meter in einer künstlichen Rinne, bevor er rund 33 Meter in freiem Fall über eine Kalktuffnase stürzt. Danach rieselt das Wasser noch rund fünfzig Meter kaskadenartig über Kalktuffpolster hinab ins Brühltal.

Nach seiner Wanderung durch das Kalkgestein der Schwäbischen Alb ist in dem Wasser viel Kalk angereichert. Dieser Kalk wird nach dem Austritt des Wassers aus dem

Die Gütersteiner Wasserfälle

Gestein und nach dem Fall wieder ausgeschieden – so kommt es zur Entstehung von Kalktuff. Allerdings entsteht Kalktuff nur unter bestimmten Bedingungen: Entscheidend sind das Gefälle und die Mitwirkung von bestimmten Pflanzen, die trotz Inkrustierung weiterwachsen können, also beispielsweise von Moosen.

Da der Wasserfall täglich einige Kilogramm Kalk absondert, wird er immer kürzer, einfach deshalb, weil am Fuß des Wasserfalls die abgelagerte Kalkmenge wächst. Und während man früher die Fallhöhe mit 37 Metern angab, ist sie nach neuesten Berechnungen etwa vier Meter kürzer.

Am Uracher Wasserfall steigen wir auf Stufen empor, dabei kommen wir direkt an den Wasserfall und haben schöne Rückblicke zur Ruine Hohenurach. Wo der Pfad nach links abknickt, geht es mit dem roten Dreiblock nach rechts weiter. Vorher können wir aber noch kurz nach links weiter hinaufsteigen zur Hochwiese mit dem Kiosk. Hier sieht man schön die Felsnase, die das kalkhaltige Wasser im Laufe der Zeit geschaffen hat.

Ansonsten wandern wir an der erwähnten Verzweigung mit dem roten Dreiblock weiter in die »Hölle«. Der Pfad quert einen steilen Hang, große, imposante Felsbrocken liegen herum. An einer Verzweigung weist das Zeichen nach links, nun geht es auf schmalem Pfad steil hoch in Richtung Güterstein. Kurz darauf erreichen wir einen Sattel, hier steht auch eine Schutzhütte. Nach rechts können wir einen Abstecher zum *Runden Berg* machen.

Am **Runden Berg** befanden sich zwischen 1600 v. Chr. bis ins 11. Jahrhundert n. Chr. verschiedene Siedlungen; große Bedeutung hatte der Platz als alamannischer Herrensitz. Heute stellt der Runde Berg eine der bedeutendsten Ausgrabungs- und Fundstätten im Land dar. Auf zwei Erklärungstafeln ist die Geschichte der Besiedlung nachzulesen, zu sehen ist – außer einigen Pflöcken, die die frühere Lage einiger Bauten markieren – aber nichts mehr.

Danach wandern wir an der Hütte vorbei bis zu einem Wegkreuz. Hier orientieren wir uns rechts in Richtung »Gütersteiner Wasserfall«. Der nun breite Forstweg führt uns bergab; wo er nach rechts weitergeht, spazieren wir geradeaus weiter. Es geht nun kurz bergauf, dann liegen rechts unten aber schon die *Gütersteiner Wasserfälle*.

Bei den in 635 Meter Höhe entspringenden **Gütersteiner Wasserfällen** stürzt das Wasser über eine etwa 25 Meter breite und rund 125 Meter lange und malerisch bemooste Kalksinterterrasse nahezu sechzig Meter ins Tal. Die Schüttung beträgt zwanzig bis dreißig Liter pro Sekunde.

Bei der ersten Stufe fällt das Wasser rund zehn Meter tief in einen kleinen, künstlich angelegten See. Dieser See entstand durch den Abbau des begehrten Tuffsteins. Auf der Terrasse steht auch ein kleines Pumpwerk, das das Wasser zum Teil hinauf auf die Albhochfläche befördert. Hier war bereits 1715 die älteste Pumpwasserversorgung der Schwäbischen Alb eingerichtet worden, lange vor den grandiosen Plänen des Ingenieurs Karl Ehmann. Man hatte ein Wasserrad mit sieben Metern Durchmesser installiert, das jeden Tag zwanzig Kubikmeter Quellwasser über eine Distanz von 2,7 Kilometern bis zum Fohlenhof und zum Gestütshof Sankt Johann pumpte.

Von 1226 bis 1534 befand sich hier ein Kloster, zunächst von Zisterziensern bewohnt; später lebten dort Benediktinermönche, bevor es zur

Märchenhafte Atmosphäre an den Gütersteiner Wasserfällen

Kartause wurde. Teilweise war hier die Grablege des Hauses Württemberg, auch ließ sich Graf Eberhard im Bart vor seiner Reise ins Heilige Land vom Prior des Klosters segnen.

Unterhalb der etwa hundert Meter langen und dreißig Meter breiten Terrasse befindet sich ein schmaler, etwa fünfzig Meter langer Grat aus Tuff, über den das Wasser weiterplätschert, bevor es in vielen kleinen Fällen über moosbedeckte Tuffpolster fließt. Besonders schön ist der Blick auf den Wasserfall von unten.

Die Wasserfälle, der Uracher und die Gütersteiner, schließen das Maisental zur Albhochfläche hin ab. Zum Maisental schrieb bereits 1831 die Oberamtsbeschreibung Urach: »Einwärts in das Gebirge teilt sich das Tal in zwei romantische Wiesengründe, den vorderen und den hinteren Brühl. ... Diese stillen und abgeschiedenen Winkel verdienen wegen ihrer großartigen Natur, die selbst in der Schweiz Bewunderung erregen würde, besonders besucht zu werden.«

Beide Wasserfälle befinden sich im Naturschutzgebiet Rutschen. Dieses 322 Hektar große Schutzgebiet wurde 1983 als hundertstes Naturschutzgebiet des Regierungsbezirks Tübingen ausgewiesen.

Nun wandern wir mit dem blauen Dreieck in Serpentinen am Wasserfall entlang steil abwärts bis zu einem Querweg. Ab hier führt links des Baches ein Pfad weiter hinab zum *Gestütshof Güterstein*. Links am Hof entlang spazieren wir, nun auf breitem Weg, bis zu einem kleinen Weiher mit Schutzhütte. Hier geht der Weg zum Parkplatz nach rechts ab und bald sind wir wieder am Ausgangspunkt.

- **Länge:**
  Etwa 6 Kilometer.

- **Zeit:**
  Etwa 3 Stunden.

- **Höhenunterschied:**
  Etwa 250 Meter.

- **Empfohlene Karte:**
  Freizeitkarte 524, Bad Urach, Landesvermessungsamt Baden-Württemberg.

- **Einkehrmöglichkeiten:**
  Kiosk am Wasserfall und am Parkplatz.

- **Sonstiges:**
  Am Anfang und am Schluss der Tour wandern wir auf befestigten Wegen, dazwischen auf schmalen Pfaden.

- **Für Kinder:**
  Beide Wasserfälle sind auch für Kinder interessant, insbesondere die überkrusteten Blätter und Ästchen werden ihnen gefallen. Da die Wanderung recht kurz ist, dürfte sie wohl auch für kleinere Kinder zu schaffen sein. Ansonsten besucht man nur den Uracher Wasserfall und spaziert auf demselben Weg wieder zurück.

Sagenumwoben und tief erforscht

Der Blautopf

Blautal – Blautopf – Blaufels – Sonderbuch – Rusenschloss – Blautal

Diese Wanderung führt zunächst durch das Blautal und am Blautopf vorbei. Danach aber geht's bald aufwärts und entlang der Hangkante oberhalb des Tals. Unterwegs wird man immer wieder mit hübschen Aussichten belohnt.

- **Ausgangspunkt:**
  Blaubeuren.

- **Wegverlauf:**
  Wir können entweder am Hallenbad parken – das bietet sich an, wenn man sich nach der Tour hier oder im gegenüber liegenden Freibad abkühlen möchte –, oder man fährt von Blaubeuren am Bahnhof vorbei in Richtung Ulm, biegt nach der Eisenbahnbrücke bei nächster

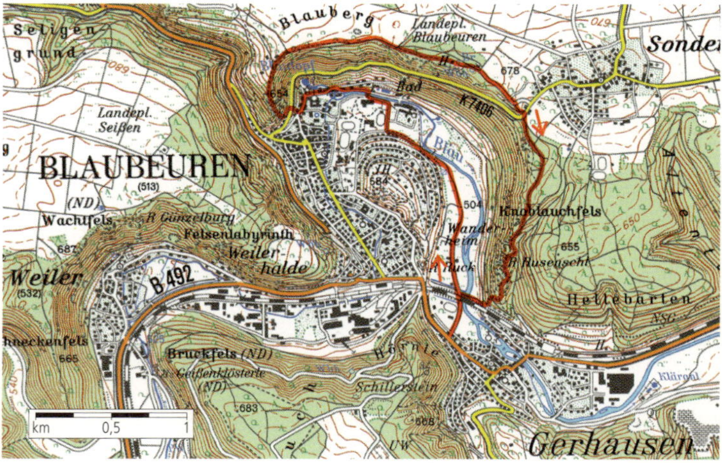

Blick über das Blautal zum „Klötzle Blei"

Gelegenheit nach links in den Riedweg (Richtung »Naturfreundehaus«) ab und kommt zu einem Parkplatz.

Zunächst spazieren wir entlang der Blau nach Norden. An der Eisenbahnbrücke kurz danach kommen wir am Schluss der Tour wieder herunter. Wer mit Kindern nur zum Rusenschloss aufsteigen möchte, folgt hier nach rechts dem Zeichen rote Raute.

Wir gehen allerdings geradeaus im *Blautal* weiter, mit schönem Blick zum rechts oben liegenden Rusenschloss und teilweise zur Blau. Links von uns auf dem Hügel liegt das berühmte »Klötzle Blei«. Nach einiger Zeit kommen wir zu einer Stelle, wo sich zwei Kanäle vereinigen; kurz danach biegen wir bei den ersten Häusern vor den Tennisplätzen nach rechts in den Dodelweg ab. Die Straße knickt gleich nach links ab, am kurz darauf folgenden Hallenbad überqueren wir die Blau nach rechts und gehen auf der anderen Seite nach links weiter. Wir kommen durchs Blaubeurener »Mühlenviertel« und zum ehemaligen Benediktiner-Kloster. Die Klosterkirche mit ihrem berühmten Schnitzaltar lohnt einen Besuch. Hinter der Kirche liegt der *Blautopf*.

Der **Blautopf** ist einer der schönsten Quelltöpfe der Schwäbischen

Alb. Er liegt am Prallhang einer Flussschlinge, die von der Ur-Donau geschaffen wurde. Der Blautopf ist nach der Aachquelle die größte Karstquelle Deutschlands; seine Schüttung beläuft sich auf durchschnittlich 2230 Liter pro Sekunde, wobei auch schon Werte von 32 000 Litern pro Sekunde erreicht wurden. 1641 soll der Blautopf sogar so drohend geworden sein, dass »Stadt und Kloster in Gefahr waren, ein Bettag gehalten, eine Prozession zu der Quelle veranstaltet, und zur Versöhnung der erzürnten Gottheit, ächt heidnisch, zwey vergoldete Becher hineingeworfen wurden, worauf das Toben nachgelassen habe«.

Das Einzugsgebiet der Quelle beträgt rund 160 Quadratkilometer, und trotz dieses riesigen Gebietes benötigt das Wasser vom Versickern bis zum Blautopf oft nur wenige Stunden. Ihren Namen hat die Quelle von ihrer leuchtenden Farbe – sicherlich ein Grund dafür, dass der Blautopf so berühmt geworden ist. Das Blau stammt aber nicht von der Spiegelung des Himmels oder von irgendwelchen gelösten Stoffen, sondern die Farbe kommt von der großen Klarheit des Wassers und der Tiefe des Quelltopfs: Immerhin muss das Sonnenlicht zwanzig Meter tief hinab, bevor es reflektiert wird. Dadurch werden die roten und gelben Anteile der Strahlung absorbiert und nur die blauen Strahlen zur Oberfläche reflektiert. Wer aber nach starken Regenfällen oder der Schneeschmelze den Blautopf besucht, wird enttäuscht sein, denn dann ist das Wasser nur schmutzig grün oder gelb.

Das Wasser im Blautopf hat das ganze Jahr über eine Temperatur von 9° Celsius. Auf dem Boden des Quelltopfs wächst dank des klaren Wassers eine üppige Vegetation, beispielsweise das Dichtblättrige Laichkraut, der weiß blühende Wasserhahnenfuß, Quellmoos, Armleuchtergewächse und eine bestimmte Fadenalge.

Das erste Mal wurde die Tiefe 1718 gemessen, 1957 wurde das Wasser durch Taucher erstmals erforscht. Der Quelltopf ist 21 Meter tief und 33 mal 35 Meter groß; am Grund öffnet sich die Blautopfhöhle, deren 1,3 Kilometer langes Höhlensystem noch einmal unter den Quellwasserspiegel abtaucht. »… man könnte meinen, es öffnen sich die Quellen der Hölle«, schrieb Ende des 15. Jahrhunderts der Dominikanermönch Felix Fabri aus Ulm dazu.

Das Tauchen im Blautopf ist grundsätzlich untersagt, denn es gibt hier gefährliche Verzweigungen und Engstellen und es mussten schon öfter die Rettungstaucher anrücken. Der berühmte Höhlenforscher Jochen Hasenmayer drang ab 1969 bei mehreren Tauchversuchen schon kilometerweit in das Höhlensystem ein, wobei er eine eigene Theorie entwickelte: Er vermutet ein großes Höhlensystem von 400 Kilometern Länge und 120 Kilometern

Die 1742 erbaute Hammerschmiede am Blautopf

Breite, das aus dem Tertiär stammt und bis unter die Voralpen reichen soll. Es soll 70° Celsius heißes Wasser enthalten, mit dem auf einen Schlag alle Energieprobleme gelöst werden könnten. 1985 entdeckte er bei einem Tauchgang nach 1250 Metern eine riesige, luftgefüllte Halle, die er zum Gedenken an den schwäbischen Dichter Mörikedom nannte. Er ist mit einer Größe von 125 mal 25 Metern und einer Höhe von dreißig Metern der größte bekannte Höhlenraum der Schwäbischen und Fränkischen Alb und besitzt einen acht Meter tiefen Höhlensee, den größten Deutschlands. Trotz einer beim Tauchen erlittenen Querschnittslähmung wagte sich Hasenmayer 1996 mit seinem selbst konstruierten U-Boot »Speleonaut« wieder in die Tiefe, um seine Theorie zu beweisen. Die Wissenschaft zweifelt diese aber an.

Direkt am Blautopf steht eine historische Hammerschmiede. Das Gebäude wurde 1742 als städtisches Wasserwerk und Schleifmühle errichtet und 1804 zur Hammerschmiede umgebaut, die durch Wasserkraft betrieben wurde. In ihr wurde Werkzeug hergestellt. Später wurde die Hammerschmiede als mechanische Werkstatt genutzt. Seit 1966 ist sie wieder funktionsfähig und als Museum in Betrieb.

»Im Schwabenlande auf der Alb, bei dem Städtlein Blaubeuren, dicht hinter dem alten Mönchskloster sieht man nächst einer jähen Felswand den großen runden Kessel einer wundersamen Quelle, der Blautopf genannt. Gen Morgen sendet er ein Flüsschen aus, die Blau, welche der Donau zufällt. Dieser Teich ist einwärts wie ein tiefer Trichter, sein Wasser ist von Farbe ganz blau, sehr herrlich, mit Worten nicht wohl zu beschreiben; wenn man es aber schöpft, sieht es ganz hell in dem Gefäß. Zuunterst auf dem Grund saß ehemals eine Wasserfrau mit langen fließenden Haaren …«

So heißt es in dem 1853 von Eduard Mörike veröffentlichten Märchen »Das Stuttgarter Hutzelmännlein«. In ihm traf ein Schustergeselle, der auf Wunderschuhen unterwegs war, am Blautopf auf eine Wassernixe – **die Schöne Lau.** Sie war die Frau des Wasserkönigs, die aus dem Schwarzen Meer hierher verbannt wurde, weil sie nur tote Kinder gebären konnte. Der Fluch, der auf ihr lastete, würde nur weggenommen, wenn sie fünfmal herzlich gelacht hätte. Aber das Lachen ist ein Vorrecht der Menschen! Durch ihren Kontakt mit den Menschen lernte die Nixe jedoch das Lachen und wurde so erlöst.

Gefährlich und unergründlich: der sagenumwobene Blautopf

Direkt hinter der Hammermühle steht die Skulptur der Schönen Lau; wer den Blautopf umrundet, kommt zu einem großen Denkmal, das den Schöpfern der Albwasserversorgung (siehe Seite 149 ff.) Oberbaurat Dr. Oskar Groß, Baudirektor Karl Ehmann und Oberbaurat Hermann Ehmann gewidmet ist.

Nachdem wir Blautopf und Hammerschmiede besichtigt haben, folgen wir der Straße noch etwas weiter bis zu einem erkergeschmückten Fachwerkhaus auf der linken Seite; hier biegen wir nach rechts ab und steigen mit dem Wanderzeichen gelbes Dreieck auf Treppenstufen hinauf in Richtung »Blaufels«.

Wir überqueren eine Straße, danach geht es im Zickzack im Wald weiter aufwärts. Wir achten immer gut auf die Zeichen, kommen an Kletterfelsen vorbei, an denen wir bei etwas Glück auch Kletterer sehen können, und stehen nach einem Rechtsschwenk auf dem *Blaufelsen*. Auf ihm befand sich früher ein Wachtturm. Von hier aus hat man einen prächtigen Blick hinab nach Blaubeuren; man sieht die Altstadt mit dem prächtigen Fachwerk-Rathaus und das Kloster, der Blautopf ist aber hinter den Bäumen verborgen.

Anschließend folgen wir dem gelben Dreieck weiter in Richtung »Rusenschloss«. Später wechselt das Zeichen in den gelben, danach in den roten Dreiblock. Es geht am Waldrand und teilweise im Wald weiter, immer in leichtem Auf und Ab. Schließlich kommen wir zum herrlichen *Waldspielplatz Landsitzle;* hier darf auch gegrillt werden. Kurz danach verlassen wir den Wald, links sehen wir den Segelflugplatz. Immer geradeaus gehend kommen wir zur Straße, die in das links liegende *Sonderbuch* führt; danach behalten wir unsere Richtung bei. Ab jetzt geht es im Prinzip immer bergab. Nun führt zwar das Zeichen rote Raute zum Rusenschloss, vorerst sehen wir aber nur den roten Dreiblock. Schließlich kommen wir zu einer Verzweigung, hier biegen wir nach rechts; ab jetzt halten wir uns an die rote Raute.

Nach einiger Zeit erreichen wir das *Rusenschloss*, das uns eine letzte schöne Aussicht auf Blaubeuren bietet. Danach geht es im Zickzack steil bergab. Wir verlassen den Wald oberhalb der Bahnlinie, halten uns rechts, gleich wieder links und vor der Bahnlinie wieder rechts. Auf einem Steg überqueren wir neben der Bahnbrücke die *Blau*. Danach geht es nach links zum Parkplatz; wer am Hallenbad geparkt hat, hält sich hier rechts.

- **Länge:**
  Etwa 8 Kilometer.

- **Zeit:**
  Etwa 3 ½ Stunden.

- **Höhenunterschied:**
  Etwa 200 Meter.

Empfohlene Karte:
Freizeitkarte 525, Ulm, Landesvermessungsamt Baden-Württemberg.

Einkehrmöglichkeit:
Blaubeuren, am Segelflugplatz.

Grillmöglichkeit:
Waldspielplatz Landsitzle.

Sonstiges:
Die Wanderung verläuft auf Naturpfaden und festen, teilweise asphaltierten Wegen.

Zum Nachlesen zum Rusenschloss:
Dieter Buck: Burgen und Ruinen der Schwäbischen Alb. Stuttgart, 2000.

Für Kinder:
Wenn Kinder die ganze Tour nicht schaffen, besichtigt man mit ihnen nur den Blautopf und erzählt ihnen von der Schönen Lau. Wer dann noch Lust hat, steigt zum Rusenschloss hoch. Beschränkte Parkmöglichkeiten gibt es direkt am Blautopf oder am Hallenbad; für die Tour zum Rusenschloss nimmt man den oben beschriebenen Ausgangspunkt. Außerdem wird Kinder das Urgeschichtliche Museum interessieren, in dem sie viel über unsere Vorfahren und ihr Leben erfahren.

Tanz auf dem Vulkan

Die Zaininger Hüle

Donnstetten – Römersteinturm – Zainingen – Donnstetten

Normalerweise haben Ausflugsziele mit Wasser einen heiteren Charakter. Man denkt an Badefreuden und Plantschen, Kinder vor allem an Matsch und an das Spielen im Wasser. Man träumt von einem gemütlichen Nachmittag auf der Luftmatratze oder gar von der Südsee. Das Ziel dieses Ausflugs jedoch hat mit alldem nur wenig zu tun: Es ist die Zaininger Hüle. Die hier beschriebene Tour führt außerdem zu einem Aussichtsturm.

- **Ausgangspunkt:**
  Zainingen oder Donnstetten.

- **Wegverlauf:**
  In Zainingen gibt es direkt an der Hüle Parkmöglichkeiten, in Donnstetten an der Bobbahn. Die Wanderung ist von *Donnstetten* aus beschrieben.

Wir gehen links vom Gebäude der Bobbahn mit dem roten Dreiblock in Richtung »Römerstein« den Hang hinauf. Auf der Höhe wandern wir kurz am Wald entlang bis zu einer Wiese, hier werden wir nach links in den Wald verwiesen. Nach wenigen Minuten, kurz vor der großen Scheune, halten wir uns rechts und kommen hinauf zum *Römersteinturm,* dem ersten und im wahrsten Sinne des Wortes Höhepunkt dieser Wanderung.

1912 wurde der aus einer verschalten Holzkonstruktion bestehende 28 Meter hohe **Römersteinturm** auf der höchsten Erhebung der Mittleren Kuppenalb (847 m) vom Schwäbischen Albverein errichtet. Seine Besteigung lohnt, trotz der 126 Stufen; die prächtige Aussicht wird durch Orientierungstafeln erklärt. Nicht nur die Alb, das Lenninger Tal und das Vorland hat man vor sich; wer an einem Tag mit klarer Sicht unterwegs ist, kann bis in die Schweizer Alpen, zum Schwarzwald, zu den Allgäuer und den Vorarlberger Gipfeln und zur Zugspitze sehen.

Wir folgen beim Turm dem Wanderzeichen gelber Dreiblock in Richtung »Zainingen« über die lang gestreckte Lichtung nach Südwesten. Im Wald an einer Verzweigung halten wir uns links und kommen hinab zur Landstraße. Hinter ihr gehen wir bis zu einem querenden Asphaltweg, hier orientieren wir uns rechts. An der nächsten Waldecke nehmen wir den nach links abgehenden Weg. Es steigt nun an und bald sind wir im Wald. Danach geht es über eine freie Fläche bis zu einem mächtigen Baum und an ihm vorbei hinab bis zur *B 28* vor *Zainingen*. Wir halten uns rechts und gehen bei nächster Gelegenheit nach links in den Ort. Gleich nach der Bundesstraße spazieren wir auf der Alten Straße hinab und kommen bei den beiden Fachwerkhäusern zur *Hüle*.

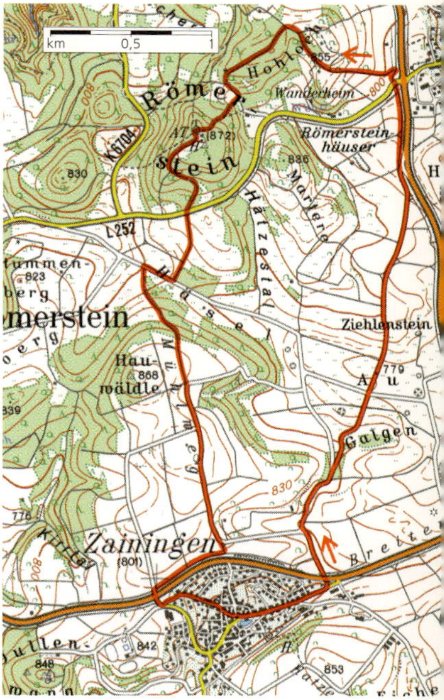

Die **Zaininger Hüle** ist eine der wenigen noch erhaltenen Hülen der Schwäbischen Alb. Aber was ist eine Hüle? Der moderne Mensch kennt diesen Begriff wohl kaum noch. Heute dreht man den Wasserhahn auf und es sprudelt frisches, kühles oder heißes Nass heraus, und man kann es sich nicht mehr vorstellen, wie es früher auf der wasserarmen Schwäbischen Alb war. Der Name Hüle oder Hülbe kommt von »Hohl«, es ist also eine Vertiefung, in der sich das Niederschlagswasser sammelt. In der Beschreibung des Oberamts Münsingen von 1825 hieß es: »Die Hülen, Hülben, Rösen, welche zum Tränken des Viehs dienen, sind eine Art von kleinen Seen, worin die Flüssigkeit zusammenläuft. Sie haben gemeiniglich ein sehr unreines, stinkendes und eckelhaftes Wasser, und sehen wie große Mistlachen aus, weil aller Unrath darein fließt, dessen ungeachtet trinkt das Vieh das Wasser gern und bleibt gesund dabey.«

Aber Hülen dienten nicht nur zum Tränken des Viehs, auch die Menschen versorgten sich manchmal daraus. Bezeichnend für die Qualität des Wassers ist eine alte Anekdote: Nach ihr ging eines Tages ein Bürgermeister zum König und bat um Unterstützung zum Bau einer Wasserleitung: »Ons dät's scho no, aber 's Vieh sauft's nemme!« Wie erzählt wird, habe der König nach dieser eindringlichen Begründung eine Unterstützung gewährt. Weiter heißt es in der Münsinger Oberamtsbeschreibung: »Ein Hauptmangel der Alpbezirke ist der Mangel an Quellwasser, der zwar in den Tälern gemeiniglich durch fließendes Wasser ersetzt wird, desto drückender aber auf dem Gebirge wird, wo die meisten Orte kein anderes Wasser haben, als was sie von den Dächern in Cisternen und Hülen sammeln, und wenn auch diese vertrocknen, wie es in den dürren Sommern häufig geschieht, ihr Wasser oft Monate lang Stunden weit in Fässern herbey holen müssen. ... Die Cisternen erhalten ihren Zufluß in der Regel von den Dächern, und diese sind, wie gewöhnlich, Strohdächer, so erhält das Wasser eine gelbliche Farbe und einen widerlichen Geschmack. Um es vor Fäulniß und Insekten zu bewahren, wird gemeiniglich Salz hineingeworfen; durch das Hineinwerfen etlicher Scheiter Birkenholz wird ihm der widerliche Geschmack und Geruch genommen.«

Der Wassermangel auf der Schwäbischen Alb wurde schon früh beklagt, denn der 1472 geborene Humanist und Tübinger Professor für Beredsamkeit Heinrich Bebel schrieb bereits 1502, als er wegen der Pest in seinen Geburtsort Justingen geflüchtet war: »Selten auch sprudeln die Quellen auf

Auf der wasserarmen Hochfläche der Schwäbischen Alb

Früher war die Zaininger Hüle als Wasserspeicher lebensnotwendig.

jenen Bergen dort oben, und das Wasser ist knapp, wenn nicht der Regen es bringt; aufgewahrt wird es darum in Brunnen und tiefen Zisternen: Was die Natur hier versagt, schafft sich der menschliche Geist.« Auch Sebastian Münster ging 1542 in seiner Albbeschreibung darauf ein: »Es hat kein Weinwachs und wenig Wasser, dann was oben herabkompt.«

Die Schwäbische Alb besteht aus porösem Karstgestein, in dem alles Wasser sofort versickert, weswegen es auf der Hochfläche selbst kaum Quellen und Bäche gibt. Deshalb sammelte die Bevölkerung Wasser in Dachbrunnen oder Zisternen; Brauchwasser und das Wasser fürs Vieh entnahm man den Hülen. Trotzdem herrschte ständig Wassernot, und auch das vorhandene Wasser war schmutzig und verseucht. So trieben reiche Bauern einen lebhaften Handel mit Trinkwasser, das sie mit Ochsenkarren vom Fuß der Alb holten. 1873 wurde in einer Denkschrift zur Wiener Weltausstellung geschrieben: »Wehe dem Fremden, den in einem der primitiven Albdörfer, wo die Strohdächer überwiegen und man rein nur auf das Regenwasser angewiesen ist, ein Bedürfnis anwandelt nach einem Glase Wasser, oder der des Morgens die gewohnte Waschung vornehmen will! Strohgelb bis Kaffeebraun hat sich das Wasser gefärbt, das von den Strohdächern niederrinnt, nur wer von Jugend auf an den Anblick dieses Wassers sich gewöhnt hat, vermag ohne Abscheu das Glas an die Lippen zu

Ob diese Bank noch eine Rast aushält?

er 1866 dem Königlichen Ministerium des Innern seinen Plan »zur Versorgung der wasserarmen Ortschaften der Württembergischen Alb mit fließendem Trink- und Nutzwasser« vorlegte. Er wollte mehrere benachbarte Gemeinden zu Versorgungsgruppen zusammenfassen und im Tal an Quellen oder Bächen Pumpwerke errichten, die das Wasser auf die Alb schaffen sollten. Die betroffenen Gemeinden waren anfangs nicht sonderlich begeistert und konterten: »Wasser fließt doch nicht den Berg hinauf!« Nur der Justinger Tierarzt und Schultheiß Anton Fischer konnte nach vielen Widerständen – seine Justinger spalteten sich in zwei Gruppen, die »Nassen« und die »Trockenen« – die Pläne Ehmanns verwirklichen. Am 18. Februar 1871 konnte das erste Wasserwerk

setzen. Ganz unsäglich vollends ist die Flüssigkeit, die in den Hühlen sich sammelt, einer grünbraunen Jauche gleich verdient sie kaum mehr den Namen Wasser.«

Die Lösung kam von Karl Ehmann (1827–1889), der von der Wassernot auf der Alb wusste. Er war zunächst in England und Amerika als Ingenieur tätig, später baute er in mehreren Gemeinden eine Wasserversorgung auf; er war also bereits als Fachmann anerkannt, als

in Betrieb genommen werden. Bald kamen Abordnungen aus anderen Albgemeinden, um das Werk zu besichtigen, und es bildeten sich neue Gruppen, die sich an der Albwasserversorgung beteiligten.

Die etwa fünfzig Meter breite und hundert Meter lange **Zaininger Hüle** – früher gab es sogar vier Hülen im Ort! – hat ihre Entstehung dem oberflächlich weit verzweigten, erstmals 1941 so benannten Schwäbischen Vulkan zu verdanken. Vor etwa 17 Millionen Jahren führte das Vorkommen von Vulkanismus auf der Mittleren Schwäbischen Alb und ihrem Vorland dazu, dass hier auf einer Fläche von 40 mal 50 Kilometern die Juraschichten von über 350 vulkanischen Explosionsröhren durchschlagen wurden. In den Schloten steckt heute Vulkantuff oder auch Schlotbrekzie, ein Gemisch aus Gesteinstrümmern. Entscheidend jedenfalls für die Albbewohner war, dass das inselartig vorkommende, dunkelgraue Gestein weniger wasserdurchlässig war als der Kalk der Umgebung. Solche Senken füllten sich mit Regenwasser, hier gab es Sümpfe oder sogar Quellen. Und genau deshalb siedelte man an diesen Stellen: Die Orte Apfelstetten, Dottingen, Hülben, Laichingen, Zainingen liegen neben vielen anderen auf Vulkangestein.

Bis zur Einrichtung der Albwasserversorgung im Ort 1921 diente die Hüle als Viehtränke und als Brauchwasserreservoir.

Später, als man die Hülen nicht mehr benötigte, füllte man die meisten dieser Wasserlöcher mit Erde auf, sodass heute oft nichts mehr davon zu sehen ist.

Anschließend folgen wir der Straße weiter nach Osten, bis sie fast wieder auf die B 28 trifft, hier halten wir uns links. Wir unterqueren die Bundesstraße und gehen auf das Haus zu, hier zieht der Weg nach rechts in das Wäldchen. Bei der Verzweigung hier bleiben wir rechts und spazieren parallel, aber in einiger Entfernung zur B 465 zurück nach *Donnstetten*.

Länge:
Etwa 11 Kilometer.

Zeit:
Etwa 3 Stunden.

Höhenunterschied:
Etwa 150 Meter.

Empfohlene Karte:
Freizeitkarte 524, Bad Urach, Landesvermessungsamt Baden-Württemberg.

Einkehrmöglichkeit:
Donnstetten.

Grillmöglichkeit:
Römersteinturm.

Sonstiges:
Die Wanderung verläuft um den Römersteinturm herum auf Naturpfaden, ansonsten auf festen Wegen.

Für Kinder:
Mit Kindern, die die Strecke nicht schaffen, besucht man am besten zuerst die Zaininger Hüle, dann fährt man nach Donnstetten, parkt an der Bobbahn und wandert von hier aus hoch zum Römersteinturm. Und anschließend gibt es zur Belohnung eine Fahrt auf der 1160 Meter langen Bobbahn!

Durch das Lautertal

Höhlen, Felsen und Burgen

Anhausen – Lautertal – Unterwilzingen – Lauterach – Reichenstein – Oberwilzingen – Sonderbuch – Hayingen – Anhausen

Zu den schönsten Flusstälern der Schwäbischen Alb gehört das Lautertal südlich von Münsingen – dies ist schon in der etwa vor hundert Jahren verfassten, ansonsten überaus nüchternen Oberamtsbeschreibung nachzulesen. Weil das Lautertal so schön ist, ist es auch bekannt und deshalb wird man hier wohl keine einsamen Touren unternehmen können. Trotzdem ist es ein empfehlenswertes Ziel, schließlich ist die Landschaft wunderschön. Man kann die eine oder andere der insgesamt 14 Burgruinen des Lautertales aufsuchen, und Kinder können im Bach plantschen. Größere Kinder sind mit Sicherheit auch begeistert dabei, wenn man mit ihnen eine Kanutour auf der Lauter unternimmt.

- **Ausgangspunkt:**
  Anhausen.

- **Wegverlauf:**
  Wir folgen in *Anhausen* dem Wegweiser zum Wanderparkplatz, der rechts der Lauter liegt. An schönen Tagen ist hier immer viel los. Schließlich stehen neben der Grillstelle gleich Tische und Bänke, und die Kinder können am Wasser spielen.

Die **Lauter** entspringt im Bereich des ehemaligen Dominikanerinnenklosters Offenhausen, das glasklare Quellwasser wird dort in einem Teich aufgestaut. Die durchschnittliche Schüttung der Quelle beträgt 170 Liter pro Sekunde, die Wassertemperatur beläuft sich auf 9° Celsius.

Nach rund 45 Kilometern – mit vielen Mäandern – und 158 Meter tiefer mündet die Große Lauter bei

Lauterach in die Donau. Ab Anhausen bis zur Mündung ist das Tal autofrei. Die Talaue liegt tief zwischen teilweise beeindruckenden Kalkfelsen und Berghängen. Zu den Felsen notierte die Oberamtsbeschreibung Münsingen von 1912: »So erscheinen die Felsenkalke in Türme und Bastionen, Zacken und Nadeln aufgelöst, durchhöhlt und zerfressen, mit großen und kleinen Löchern, Grotten, Höhlen und Felsentoren, und bieten die abenteuerlichsten, die Phantasie mächtig beschäftigenden fratzenhaften Gestalten.« Man trifft hier auch – eigentlich selten für die Schwäbische Alb – auf Riedflächen und Nasswiesen.

1980 wurde das gesamte Lautertal, von der Quelle bis zur Mündung, als Landschaftsschutzgebiet ausgewiesen.

Nun folgen wir dem Weg, der rechts der Lauter nach Südosten führt.

Die Lauter bei Anhausen

Neben der mäandernden Lauter verläuft ein Wander- und Radweg.

Verfahren kann man sich nicht. Wir müssen nur aufpassen, dass wir den Wasserfall *Hoher Gießel* im Fluss nicht verpassen. Auf der linken Talseite befinden sich Auswaschungen, die *Ochsenlöcher* und das *Heuscheuerle*.

Der **Hohe Gießel**, ein Wasserfall, unterbricht den gemächlichen Lauf der Lauter; dort fällt das Wasser über eine etwa vier bis fünf Meter hohe Kalktuffbarriere hinab. Daneben befindet sich der Blaubrunnen, ein kleiner Karstquelltopf. In der Oberamtsbeschreibung heißt es zu diesem Abschnitt: »Die Lauter ist hier tief in die Tuffbänke eingegraben und bildet eine Gabelung. Bald darauf stürzt sie sich am Hohen Gießel, einem stattlichen, von Ulmen und Eschen überwölbten Fall über 5 m tief hinab. Der Hohe Gießel ist für die Forelle ein böses Hindernis; ich habe beobachtet (Ende März), wie ein besonders starkes Tier neunmal hintereinander den vergeblichen Versuch machte, durch Sprünge von mehr als 1 ½ m Höhe eine Stufe am Fall zu erreichen.« Heute haben es die Fische nicht mehr so schwer, weil man vor Jahren eine Rinne im Fels ausgeschürft hat, um es den Kanufahrern leichter zu machen.

Nach dem Wasserfall wird das Tal enger, und links sieht man einige Höhlen, die **Ochsenlöcher** und die **Höhlen im Schwarzlochfelsen**. Sie wurden vom früher viel höher fließenden Fluss ausgewaschen und dienen heute Turm- und Wanderfalken als Brutstätten. In der Lauter findet man auf dieser Teilstrecke das seltene Quellgras und Edelkrebse. An den Felsen leben Felspflanzen, Insekten, Amphibien und Vögel, die Sonne, Wärme und Trockenheit lieben.

Nach einiger Zeit kann man das Rad stehen lassen und zu Fuß einen Abstecher zur *Ruine Wartstein* machen.

Auf der linken Seite folgt die **Ruine Wartstein**. Die Oberamtsbeschreibung schildert die Ruine ausführlich: »Der Wartstein mit seiner Umgebung ist ohne Zweifel das Großartigste, was das Lautertal zu bieten hat, und eine der mächtigsten Felsgruppen der Alb überhaupt. … Der Wartstein baut sich prachtvoll auf; es sind stufenförmig aufsteigende Felsen, in die sich der Burgbau geschickt eingefügt hat. Die Spitze des Baus, ein Turmrest mit graziösen Birken darauf, ist ebenfalls nach einer Seite mit dem Felsen verwachsen. Darunter und daneben erheben sich gewaltige Blöcke, Türme und Wände, Pyramiden und Obelisken, ausgehöhlt und zerfressen, der Fels an den einspringenden Teilen ockerfarbig, sonst durch Flechten von kreidigem Weiß durch Taubenblau bis ins Schwärzliche gefärbt, dazwischen steile grüne Bänder mit Graswuchs und Felsgesträuch, in den Lücken zwischen den Felsen Geröll und kleine Buchengruppen. Der Wartstein ist ein gutes Beispiel dafür, wie der Eindruck einer Felsengruppe durch eine Ruine gehoben wird. Durch sie erhält die zufällig zusammengewürfelte Gruppe Krö-

Naturidylle trotz Besucherandrang: das Lautertal

nung und Mittelpunkt und gewinnt dadurch mächtig an Selbständigkeit und Geschlossenheit des Ausdrucks.«

Noch etwas später kommen wir zu einem Querweg, hier biegen wir nach links ab in Richtung »Lauterach«. Die angezeigte Ruine Monsberg lohnt keinen Besuch, also radeln wir weiter, bis wir bei einem Feldkreuz auf die Straße treffen. Auf ihr fahren wir kurz nach rechts bis zum Ortseingang von *Unterwilzingen*.

Vor der Lauter biegen wir nach links ab und radeln wieder am Flüsschen entlang. Nun folgen weitere beeindruckende Auswaschungen, Felsgebilde und eine Felsnadel. Nach einiger Zeit sehen wir rechts oben den Turm der Ruine Reichenstein. Schließlich stoßen wir auf die *Laufenmühle,* heute ein beliebtes Ausflugslokal.

Bei der **Laufenmühle** befindet sich im Fluss die mit rund zehn Meter Höhe wohl größte Kalksinterbarriere des Tales; sie entstand in einem Zeitraum von rund 700 Jahren. Durch sie hat sich an dieser Stelle ein kleiner See aufgestaut, weshalb hier ein kleines Kraftwerk eingerichtet werden konnte.

Wer Kinder dabei hat und auf demselben Weg zurückkehren will – man erspart sich dabei den Anstieg und die Fahrt auf der Straße – kehrt hier um. Ansonsten radeln wir weiter. Etwas später zweigt nach links das Wolfstal ab. Es ist berühmt wegen seiner Felsen; das Tal wird aber auch im Frühjahr – während der Märzenbecherblüte – von Ausflüglern gern besucht.

In *Lauterach* biegen wir an der Durchgangsstraße nach rechts ab in Richtung »Reichenstein«. Nun steigt es an. Auf der Höhe können wir nach rechts in das Dorf hineinfahren und die *Ruine Reichenstein* besuchen. Danach rollen wir auf der Landstraße weiter. An einer Querstraße biegen wir nach links ab. Nun folgen wir immer der Beschilderung »Hayingen«. Kurz darauf geht es nach rechts und wir kommen hinab nach *Oberwilzingen*. Hier zweigen wir von der Durchgangsstraße ab nach »Sonderbuch«. Nun steigt es weiter an. Wir halten uns noch vor dem Ort mit dem Wanderzeichen rote Raute rechts nach »Hayingen«.

Durch *Hayingen* fahren wir hindurch in Richtung Münsingen. Kurz nach dem Ort nehmen wir den nach rechts abzweigenden Weg nach »Indelhausen«. Er fällt etwas ab ins Hayinger Tal, wir kommen durch ein Wäldchen und danach zu einer Verzweigung. Hier ginge es nach rechts ins »Fichteltal«, wir behalten aber unsere Richtung bei. Es geht wieder etwas hoch, dann hinab nach *Indelhausen*. Hier rollen wir auf dem Anfahrtsweg zurück zu unserem Ausgangspunkt. Nach Anhausen liegt links über uns die Ruine Schülzburg; wer möchte, fährt (oder

Der Wasserfall Hoher Gießel

geht) noch zu ihr hinauf. Außerdem kann man vom Parkplatz aus zur Ruine Maisenburg hochsteigen.

Länge:
25 Kilometer.

Zeit:
Etwa 3 bis 4 Stunden.

Höhenunterschied:
Etwa 250 Meter.

Empfohlene Karte:
Freizeitkarte 524, Bad Urach, Landesvermessungsamt Baden-Württemberg.

Einkehrmöglichkeit:
Laufenmühle.

Grillmöglichkeit:
Am Ausgangspunkt.

Sonstiges:
Die Radtour verläuft auf festen Wegen im Lautertal, der Rückweg auf Landstraßen.

Zum Nachlesen:
Dieter Buck: Burgen und Ruinen der Schwäbischen Alb. Stuttgart, 2000.

Für Kinder:
Mit Kindern fährt man bis zur Laufenmühle und kehrt dann auf demselben Weg zurück. Am Ausgangspunkt kann man mit ihnen grillen, und sie können im Wasser spielen. Interessant sind auch die Burgen. Direkt vom Parkplatz könnte man entweder zur Ruine Maisenburg oder zur Ruine Schülzburg aufsteigen. Zur Ruine Wartstein fährt man ein Stück mit dem Rad und geht dann zu Fuß hinauf.

Boot fahren und Fische füttern

Von der Wimsener Höhle durchs Tal der Zwiefaltener Ach

Wimsener Höhle – Achtal – Gossenzugen – Wimsener Höhle

Ein Ausflugsziel der besonderen Art ist die Wimsener Höhle, auch Friedrichshöhle genannt, die einzige mit Kahn zu befahrende Schauhöhle Deutschlands. Für Kinder ist das sicherlich ein bleibendes Erlebnis. Außerdem wandert man auf dieser Tour durch das prächtige Tal der Zwiefaltener Ach, wo man an der einen oder anderen Stelle sicher eine Spielpause einlegen kann. Unterwegs kommt man zudem an einer Forellenzucht vorbei.

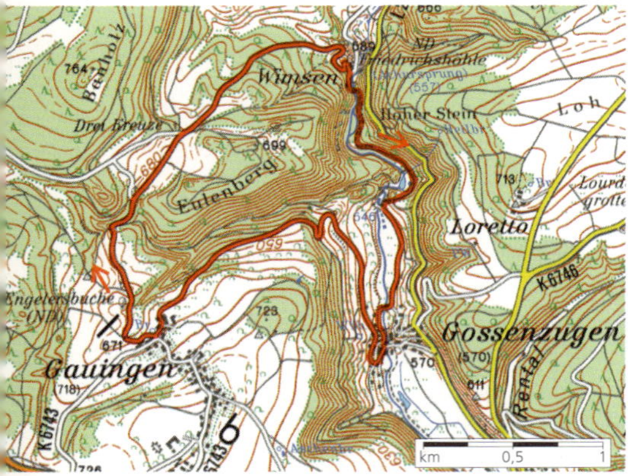

■ **Ausgangspunkt:** Wimsen.

■ **Wegverlauf:** Parkmöglichkeiten findet man direkt bei der *Höhle;* vielleicht möchte man die Höhle ja auch sofort besichtigen.

In der **Wimsener Höhle** (557 Meter) mit ihrem türkisfarbenen Wasser entspringt die Zwiefaltener Ach. Die Höhle ist auf siebzig Meter zu befahren, das Wasser ist bis zu drei Meter tief. Die Höhle wurde bereits im Jahr 1447 anlässlich eines Grenzstreits zwischen dem Besitzer von Schloss Ehrenfels und dem Kloster Zwiefalten erwähnt, als der Fluss, »der uß dem Hölnstain gat«. Die Bezeichnung Friedrichshöhle erinnert an den Besuch des Kurfürsten Friedrich von Württemberg, des späteren Königs, im August 1803. Er besuchte damals seinen Minister, den Grafen Normann, dem er das nahe gelegene Schloss Ehrenfels geschenkt hatte. Die Übersetzung des lateinischen Spruchs auf der Gedenktafel über dem Höhlenportal lautet: »Dankbar begrüßt den hohen Besuch die hier waltende Nymphe. Fröhlicher fließet dir nun, Friedrich, die rauschende Ach«.

Für Kinder ein unvergessliches Erlebnis: Einfahrt mit dem Nachen in die Wimsener Höhle

Die tiefste Stelle der Decke liegt nur einen Meter über dem Wasser, ansonsten ist die Höhle etwa vier Meter hoch. Sie liegt im Weißen Jura und ist eine der wenigen aktiven Flusshöhlen der Schwäbischen Alb; ihr Wasserstand ändert sich laufend, da er vom Karstwasserstand abhängt. Im vorderen Teil der Höhle liegt die Achquelle, die eine Schüttung von durchschnittlich 600 Liter pro Sekunde aufweist. Das Wasser besitzt eine konstante Temperatur von 8 bis 9° Celsius. In den 1960er-Jahren wurde die Höhle vom berühmten Höhlenforscher Jochen Hasenmayer befahren. Er durchtauchte den zwanzig Meter langen Hauptsiphon und kam zu

Das Kulturdenkmal »Wimsener Mühle« wurde prächtig renoviert.

einer weitgehend trockenen Gehstrecke, die mehrere hallenartige Erweiterungen besitzt, darunter die so genannte Schatzkammer, außerdem eine Halle mit Tropfsteinen und eine mit einem See.

Bei der Höhle orientiert man sich an dem Wegweiser ins zu Recht so bezeichnete »romantische Achtal« und folgt dem Weg nach Süden. Um die Gebäude herum – darunter das »Kulturdenkmal Wimsener Mühle« – gibt es einige kleinere Wasserfälle zu sehen. Der Weg verläuft erst über, dann neben dem Bach und führt gleich zu Beginn durch eine markante Felsenge. Später wird das Tal breiter und die Landschaft sanfter, trotzdem sehen wir noch einige hohe Felsen. Schließlich kommen wir zu einem Gumpen mit schönem grünblauem Wasser und Forellen; danach verlassen wir den Wald und spazieren, vorbei an der Forellenzucht, nach *Gossenzugen*.

Wo der markierte Wanderweg nach links abknickt und über den Bach führt, biegen wir nach rechts ab und steigen, nun ohne Wanderzeichen, auf einem breiten Weg steil empor. Es geht hoch über dem Tal wieder nach Norden; bei einem Kreuz zieht der Weg nach links, danach kommt eine Rechts-, dann eine Linkskurve, und weiter ansteigend sind wir bald in *Gauingen*. Wir biegen nach dem schönen Brunnen nach rechts ab (»Wimsener Höhle«). Der Weg zieht gleich darauf nach rechts, fällt leicht und steigt dann wieder etwas an. Wir kommen am Naturdenkmal Engelersbuche, einem mächtigen Baum, danach an einem Feldkreuz vorbei.

Nach einem kurzen Waldstück folgt ein weiteres, modernes Kreuz. Kurz danach, an den »Drei Kreuzen« halten wir uns rechts. Wir wandern hinab zu einem Parkplatz mit Grillgelegenheit und danach mit einigen Kurven zurück nach *Wimsen*.

Länge:

Etwa 7 Kilometer; wer noch nach Zwiefalten wandern will, sollte hin und zurück etwa 4 Kilometer dazurechnen.

Zeit:

Etwa 2 bis 3 Stunden.

Höhenunterschied:

Etwa 220 Meter.

Empfohlene Karte:

Freizeitkarte 524, Bad Urach, Landesvermessungsamt Baden-Württemberg.

Einkehrmöglichkeit:

Bei der Höhle.

Grillmöglichkeit:

Kurz nach der Höhle im Achtal; nach den Drei Kreuzen.

Sonstiges:

Die Wanderung verläuft auf Naturpfaden und festen, teilweise

Sumpfdotterblumen findet man im Frühjahr an jedem Bach.

Wilde Felsformationen an der Lauter

Öffnungszeiten der Höhle: April bis Oktober 8 bis 18 Uhr.

■ **Für Kinder:** Die Tour ist zwar nicht allzu lang, aber bei den Steigungen und auf den asphaltierten Wegen wird es Kindern vielleicht doch etwas langweilig werden. Mit ihnen sollte man natürlich die Höhle besichtigen und dann dem Weg entlang der Ach bis zu dem Gumpen kurz vor der Fischzuchtanstalt vor Gossenzugen folgen. Diese Strecke ist hin und zurück etwa zwei Kilometer lang und fast ohne Höhenunterschiede, also auch für kleinere Kinder gut zu bewältigen. Unterwegs kann gegrillt werden, und in dem Gumpen warten zahlreiche Forellen darauf, dass man sie mit altem Brot füttert. Auf dem gut gerichteten, geschotterten Weg können auch Kinderwagen geschoben werden. Aufpassen auf kleine Kinder sollte man auf dem ersten Wegstück nach der Wimsener Mühle, denn hier ist der Weg schmal und es geht ohne Geländer steil hinunter. Danach ist der Weg gefahrlos.

asphaltierten Wegen. Wer möchte, folgt in Gossenzugen der Beschilderung nach »Zwiefalten« und spaziert auf dem Weg entlang des Baches. In Zwiefalten kann man dann einkehren und außerdem die barocke Klosterkirche besichtigen. Dann kehrt man auf demselben Weg nach Gossenzugen zurück.

Glossar

Begriffe rund um das Wasser

Anstehend Sichtbare Gesteine in ihrem natürlichen Verband.

Aue Tallandschaft, kann bei Hochwasser überflutet werden. Die vom Fluss mitgetragenen Sedimente (feinkörniger, humushaltiger Auelehm) lagern sich im Talgrund ab. Nach den hier wachsenden Bäumen spricht man von Weichholz-Auenwald (Weide- und Pappelarten) oder von Hartholzauenwald (Stieleiche, Esche und Ulme).

Aufschluss Stelle an der Erdoberfläche, wo das Gestein des Untergrunds (»anstehendes« Gestein) zu Tage tritt.

Bannwald Naturreservat, in welchem keine forstwirtschaftlichen Eingriffe stattfinden.

Biotop Durch bestimmte Pflanzen oder Tiere gekennzeichneter Lebensraum.

Erosion Hiermit wird das Abtragen von Erde oder Gestein durch Regen, Wind oder Eis bezeichnet. Tiefenerosion bezeichnet die Vertiefung, Seitenerosion die Verbreiterung eines Flussbettes.

Gleithang Siehe Prallhang.

Grundwasser Durch Versickerung von Niederschlägen und bei oberirdischen Gewässern in den Untergrund eingedrungenes Wasser.

Kalktuff Auch Kalksinter, Süßwasserkalk. Aufbau aus Kalkausscheidungen des Wassers. Locker geschichtet, am Anfang weich, härtet später aus. Die lockere, poröse

Struktur entstand durch Verunreinigung und Überkrustung von Pflanzenresten.

Kaskade Wasserfall mit einzelnen Stufen.

Kolk Auch Strudelloch, Strudeltopf. So werden größere Wannen und seitliche Ausbuchtungen eines Flussbettes genannt. Es handelt sich um zylindrische, kesselförmige Aushöhlungen im Fels, die durch das Drehen des Wassers und das Schleifen des mitgeführten Sands entstanden sind und mehrere Meter tief sein können.

Außerdem bezeichnet das Wort kleine, offene Wasserstellen in Hochmooren.

Mäander Flussschlingen in Talauen.

Moor Unter Moor versteht man ein dauernd durchfeuchtetes Gelände, das aus einer von Wasserflächen unterbrochenen Pflanzendecke und unvollständig zersetzten Pflanzenteilen (Torf) besteht. Durch die Verlandung von Seen entstehen Niedermoore (Flachmoore). Hierbei lagern sich abgestorbene Pflanzen am Seeboden ab. Mit der Zeit wird der Boden immer höher und wächst über den Grundwasserspiegel hinaus. Über die Zwischenstation Übergangsmoor entsteht dann ein Hochmoor. Bei dieser Moorart trocknen die ehemaligen Seeränder stärker aus als die innen liegenden Flächen. Die feuchteren Gebiete wachsen also schneller,

wodurch sich das Moor in der Mitte nach oben wölbt. Auch haben beim Hochmoor die Pflanzen keine Verbindung mehr zum Untergrund mit seinem Wasser und seinen Nährstoffen, sodass sie sich allein vom Niederschlagswasser ernähren müssen.

Prallhang Steiler Uferhang bei mäandrierenden Gewässern, gegenüber liegt der flache Gleithang.

Schlucht Enges Tal mit steilen Hängen. Eine Schlucht entsteht durch starke Tiefenerosion zusammen mit einem unbedeutenden Hangabtrag und wenig Seitenerosion. Die Tiefenerosion geschieht vor allem durch das mitgeführte Geröll. Der Hang wird höchstens durch den Abbruch überhängenden Gesteins abgetragen.

Schüttung In Litern oder Kubikmetern gemessene Abfluss- oder Durchflussmenge von Wasser.

Sinter Oder Tuff. Durch das Entweichen von Kohlendioxid aus kalkhaltigem Wasser entstehende mineralische Ausscheidung. Infolge von Verunreinigungen und Überkrustung von Pflanzenteilen weist das Gestein eine sehr lockere Struktur auf.

Strudeltöpfe Strudeltöpfe sind topfartige Einsenkungen und Ausschleifungen, die durch Mahlsteine in Wasserwalzen ausgeschürft wurden (Evorsion).

Stufe Querriegel beziehungsweise Felsbarriere in einem Bach oder Fluss. Hier kommt es zur Bildung von Wasserfällen.

Terrasse Eine Erosionsterrasse entsteht, wenn sich ein Fluss in das Gestein des Untergrunds einschneidet, eine Schotterterrasse durch seine eigenen Ablagerungen.

Tumpf Tümpel unterhalb eines Wasserfalls.

Verlandung Davon spricht man, wenn Gewässer allmählich austrocknen. Pflanzen siedeln sich vom Rand her an, Pflanzenreste und anorganische Materialien lagern sich am Seegrund ab.

Wasserfall Hierbei fällt ein Bach oder Fluss mehr oder weniger senkrecht über eine Steilstufe. Folgen mehrere Stufen, ist dies eine Kaskade. Von einem Katarakt spricht man, wenn es sich um eine Stromschnelle handelt.